영성이란 무엇인가

Spirituality: A Very Short Introduction

내 삶을 완성하는 영성에 관한 모든 것

영성이란 무엇인가

Spirituality: A Very Short Introduction

내 삶을 완성하는 영성에 관한 모든 것

필립 셸드레이크 지음

한윤정 옮김

일러두기

- 본문에 달린 주석(미주)은 모두 역자 주석이다.
- 단행본은《 》, 시나 기타 예술작품 그리고 매체명 등은〈 〉로 표시했다.
- 본문에 소개된 도서 가운데 한국어로 번역되어 출간된 책은 한국어판 제목으로 적고, 그렇지 않은 책은 원서명을 병기했다.

목차

영성처럼 방대한 주제에 대해 아주 짧은 개론서를 쓰는 것은 어려운 도전이며 교육을 위한 일이 될 수밖에 없다. '영성(Spirituality)'이란 개념은 세계 모든 종교에 존재하며 최근에는 점점 더 비종교적인 맥락으로 확산하고 있다. 이러한 복잡함과 풍부함을 제대로 다루기 위해 나는 다양한 해석 틀을 채택했고 여러 분야를 조사했으며 다소 생소한 주제를 찾아냈다. 하지만 이내 피상성을 감수하지 않고서는 오늘날 '영성'이라는 말이 사용되는 종교, 비의적(Esoteric) 운동, 인간 삶의 영역을 다룰 수 없다는 문제에 부딪혔다. 그 결과 나는 선택해야만 했고 상대적으로 중요한 내용을 골랐다. 그래도 가급적 광범위한 근거를 찾고 쓸데없는 전형성이나 거친 일반화를 피하고자 노력했다. 이 책의 목적은 정보를 제공하는 것이며, 따라서 서술과 분석 사이의 균형을 잡으려 했다. 다양한 내용을 종합적으로 서술했으나 독자들이 이 책에 나오는 쟁점에 대해 신중하게 생각해 주었으면 한다.

나는 신학뿐 아니라 철학과 역사를 공부하면서 '영성'이란 주제에 대한 다양한 관점을 갖게 되었다. 이 주제에 대해 25년 넘게 글을 써 왔으며 미국과 영국의 대학원과 평생교육원에서 정규 수업을 해 왔다. 최근에는 보건의료, 심리학, 건축학, 도시연구에서도 영성이 점점 더 중요한 주제가 되면서 이 분야의 전문가를 대상으로 하는 강의 요청도 받고 있다. 기독교 이외의 종교로는 1980년대 초 인도에서 공부하면서 힌두교를 주로 접했고 이슬람과 불교도 공부했다. 보다 최근에는 종교 간 대화, 특히 다양한 세계종교의 구성원들과 함께 신비주의와 영성을 연구하는 국제포럼의 일원으로 활동해 왔다. 내가 다양한 형식의 영성에 대한 지식과 이해를 넓힐 수 있기까지 도움을 주었던 서로 다른 전통과 맥락을 가진 내 학생과 친구, 동료들에게 감사를 전하고 싶다. 특별히 케임브리지의 웨스트콧 하우스에서 연구하고 이 책을 쓸 수 있도록 도와준 동료들에게 감사를 전한다.

마지막으로 능숙한 편집 지식과 전문적인 안목으로 원고를 검토해 준 파트너 수지에게 늘 감사한다. 또 옥스퍼드대학교 출판부의 자문에 응해 글을 읽어 준 두 독자에게 감사한다. 그들 모두 원고를 수정하고 최종 원고로 다듬기까지 유익한 조언과 제안을 해 주었다.

서문

'영성'이란 넓은 의미에서 인간 존재의 전망[1], 인간 정신이 최대한의 잠재력을 갖기 위한 전망을 구체화한 생활방식과 수행을 뜻하는 단어이다. 그런 의미에서 '영성'이란 말은 종교적이든 세속적이든 인생의 의미와 행위에 대한 염원을 담고 있다.

영성에 대한 매혹이 우리 시대의 두드러진 특징이라는 점은 확실하다. 이는 서구에서 전통 종교 집단이 감소하는 것과는 뚜렷하게 대조된다. 20세기의 마지막 25년 동안 영성 개념은 기독교라는 기원, 나아가 종교 자체를 훨씬 넘어섰다. 이제는 다양한 방식으로 영적 경험과 영적 수행에 대한 광범위한 탐색이 이뤄지고 있다. 학문 분야로서 영성은 신학과 종교학을 넘어 사회과학, 심리학, 철학, 젠더연구 등의 분야에서 점점 더 넓은 자리를 차지한다. 영성이라는 주제는 또한 보건의료와 간호, 상담과 심리치료, 사회사업, 교육, 경영학, 예술, 스포츠교육과 같은 직업 세계와 훈련에서도 꾸준히 나타난다.

이처럼 '영성'이라는 단어가 광범위하게 사용되면서 이를 단순하고 깔끔하게 서술하는 게 어려워졌다. 사실 '영성'이라는 말은 사용되는 맥락마다 서로 다른 모습과 우선순위를 갖는다는 점에서 카멜레온과도 같다. 역사적으로 보더라도 '영성'은 항상 주변 맥락을 반영해 왔다. 영성에 대한 하나의 일반적 정의가 없다는 뜻이다. 그렇지만 '영성'이라는 단어를 폭넓게 이해하기에 충분한 가족유사성이 서로 다른 시기, 종교, 인간의 관심 분야에 걸쳐 존재한다. 그 출발점으로 이블린 언더힐은《신비주의: 영적 의식의 본질과 발전(Mysticism: The Nature and Development of Spiritual Consciousness)》에서 인간은 단순히 도구를 만드는 동물이 아니라 전망을 창조하는 존재라고 제시한다. 다시 말해 '영성'은 인간의 삶이 생물학 이상이라는 감각을 표현한다. 인간으로서 우리는 육체적 만족이나 정신적 우월감을 넘어선 목표들에 자연스럽게 끌리면서 더 깊은 의미와 성취를 추구한다.

이 책은 수 세기 동안 '영성'이 무엇을 의미해 왔는지 그리고 우리 시대의 '영성'이 무엇을 의미하는지를 좀 더 분명히 이해하고자 하는 독자들을 위한 것이다. 인간의 번영과 영적 수행이 어떤 관계인지, '영적 삶'을 추구하는 게 무슨 뜻인지 설명하려는 의도 역시 담고 있다. 나는 책의 마지막 부분에서 이 문제를 다룰 것이다. 곧 보겠지만, '영성'이라는 말 자체는 기독교에서 처음 사용되다가 다른 세계종교로 확대돼 지금처럼 널리 쓰이게 되었다. 지금은 이 단어가 흔히 '세속적 영성'이라고 불리는 비종교적 맥락에서도 등장하기 때문에 이 책은 종교, 역사, 철학, 사회학, 심리학과 같은 여러 인식 틀을 함께 사용할 것이다.

책은 3부로 구성돼 있다. 1부는 주요 세계종교, 세속적 사고 그리고 비의적 운동에서 영성이 무엇을 의미하는지를 구체적으로 알아본다(1장). 그런 다음 공통된 특징을 가진 네 가지 '유형'의 영성을 정의하고 탐구한다(2장). 종교적 영성의 경우 모범이 되는 특정한 인간(성인 또는 교사)을 부각하는 것이 공통점이다. 2부는 영성의 세 가지 핵심적 차원인 경험(3장), 삶의 방식(4장), 사회 전반과 맺는 관계에서의 가치(5장)를 탐구한다. 마지막 3부에서는 '영성'과 '종교'를 구별하려는 시도의 타당성과 함께, 최근 영성이 어떻게 종교 간 대화에서 필수적인 부분이 되었고 때로는 서로 다른 종교의 지혜를 융합시키는 역할(초종교영성)을 하는지를 중심으로 영성과 종교의 관계를 탐구한다(6장). 그런 다음 오늘날 '영적 삶'을 추구할 가능성과 21세기 여러 영적 수행 사이의 관련성을 그려 보는 것으로 끝을 맺는다. '영성'이라는 말이 지나가는 유행인지 아니면 향후 수십 년간 더욱 발전하게 될지도 질문한다(7장).

"영성이란 말은 인생의 의미와
행위에 대한 염원을 담고 있다."

1장 영성이란 무엇인가?

이미 살펴보았듯이 '영성'이라는 말은 우리 시대에 와서 폭넓게 사용되기 시작했다. 나아가 오늘날 '영성'은 어떤 종교에 소속되어 있는지와 상관없이 모든 사람이 타고난 것으로 여겨진다. '영성'은 개인마다 다르고 민주적이고 다종다양하며 개인의 권위를 살려 주는 대안적 원천이기도 하다.

• 기원

오늘날 '영성'이 무엇을 의미하는지 더 자세히 질문하기 전에, 이 개념 뒤에 숨겨진 오랜 역사를 알아야 한다. 기독교에 기원을 둔 '영성'이라는 단어는 라틴어 형용사 'Spiritualis'에서 유래했으며 그리스어 형용사 'Pneumatikos'로 번역되어 신약성서에 등장한다. 중요한 것은 '영적(Spiritual)'이란 말이 '신체적(Bodily)'이나 '육체적(Physical)'의 반대가 아니라는 점이다. 이 말은 세속적(Worldly)이거나 하느님의 정신에 반하는 것을 뜻하는 '육적(Fleshly)'이라는 말과 대비되었다. 이런 구별은 기본적으로 삶에 대한 두 가지 접근법의 차이에 근거한다. '영적 인간(예를 들어 코린토 전서 2:14-15)'은 하느님의 영향 아래 살기를 추구하는 반면, '육적(혹은 세속적) 인간'은 개인의 만족, 안락 혹은 성공에 주로 관심을 갖는다.

'영적'과 '세속적'이라는 단어 사이의 대비는 거대한 지적 전환이 일어난 유럽 중세시대까지 대체로 유지되었다. 이어

'영적'이란 단어는 '신체적'이라는 단어와 대비되면서 더욱 뚜렷한 차이를 드러냈다. 중세시대에 '영성'이라는 명사는 단순히 성직자를 의미했다. 그 후 17세기에 '영적 삶'에 대한 언급이 처음 등장했다. 이 말은 한동안 사라졌다가 19세기 말 프랑스어에서 재정립됐으며 현대 영어의 '영성'은 프랑스어의 번역이다.

• 현대의 여러 정의

오늘날 '영성'은 어떻게 정의될까? 답은 간단하지 않다. 이 단어가 다양한 맥락에서 쓰이기 때문이다. 그러나 '영성'을 다루는 현대 문헌에는 다음 내용이 포함된다. 영성은 전체적인 것, 즉 삶에 대한 완전히 통합적인 접근법과 관련이 있다. 이것은 '영적인 것'이 그리스어 'Holos', 즉 '전체성'에서 나온 '성스러움(The Holy)'과 관련이 있다는 역사적 사실과 일치한다. 따라서 '영적인 것'은 단순히 인간 존재의 여러 요소 중 하나라기보다 '전체로서의 삶'이라는 통합의 요소로서 이해되는 게 바람직하다. 영성은 또한 '신성함(The Sacred)'의 추구와 관련된 것으로 이해된다. 이것은 신에 대한 믿음을 포함해 인간 존재의 신성함, 심연 또는 우주의 무한한 신비까지도 가리킨다.

나아가 영성은 전통적인 종교적·사회적 권위의 쇠퇴에 대한 대응으로서 삶의 목적과 의미에 대한 탐색을 포함하는 것으로 이해된다. 삶의 의미와 결합함으로써 현대의 영성은 정체성과 인격에 대한 이해까지도 암시한다. 한 가지 흥미로운 사례는 영국 교육표준국(OFSTED)의 중학교용 문서에 나온 '영적 발달' 개념이다. 여기서 영성은 인간 생명의 비물질적인 요소의 발달을 의미한다. '삶'은 생물학 그 이상이다. 영성은 또한 '번영함(Thriving)', 즉 번영한다는 게 무슨 뜻이며 어떻게 번영할 수 있는지의 문제와 연결되기도 한다. 마지막으로 영성에 대한 현대의 정의는 도구화된 삶의 태도와는 대조되는, 궁극적인 가치에 대한 감각과 관련이 있다. 이는 성찰 없는 삶이 아닌 자기 성찰적 실존을 뜻한다.

영성에 대한 이러한 현대의 접근법은 두 가지 중요한 질문을 제기한다. 첫째, 영성은 본질적으로 개인적인가 아니면 사회적인가? 웹을 검색해 보면 영성에 대한 대부분의 정의는 내면의 경험, 자기성찰, 주관적 여정, 개인의 행복, 내면의 조화 또는 행복을 강조한다. 그렇다면 영성은 사회 안에서 우리의 존재와 어떻게 연결되어 있을까? 둘째, 영성은 위로를 주는 모든 것을 증진하는 유용한 치료법 그 이상일까? 다시 말해 강인한 영성이 존재하고 그것이 인간 존재의 파괴적 측면에 맞설 수 있을까? 이 질문들은 책의 후반부에서 다룰 것이다.

• 현대적 영성의 출현

영성에 대한 현대의 관심은 20세기 후반의 광범위한 문화적 변화와 함께 나타났다. 세계대전 이후 유럽 제국들의 종말, 더불어 여성의 평등이나 소수 민족의 지위와 관련된 북반구의 사회 변화 조류 속에서 과거로부터 내려온 종교적·사회적 정체성과 가치 체계에 대한 심각한 의문이 제기되었다. 그 결과 많은 사람이 더는 전통 종교를 자신의 영적 추구를 위한 적절한 창구로 보지 않고 새로운 자기 지향의 원천을 찾았다. 그러면서 영성은 가장 깊은 자아와 삶의 궁극적인 목적을 탐구하는 대안적인 방법이 되었다. 영적 추구의 대상은 점점 더 외향적 권위에서 벗어나 좀 더 신뢰할 수 있는 내향적 경험으로 옮아가고 있다. 서양 문화의 이러한 주체적 전환이 영적 경험과 수행에 대한 다양한 접근법을 낳았다. 예를 들어 영성은 여러 종교 전통뿐만 아니라 대중심리학에서도 자주 등장한다. 그러나 제레미 캐럿 같은 논평가들은 이러한 발전을 회의적으로 바라보며 영성에 대한 현대의 열광은 소비주의의 산물일 뿐이라고 말한다.

오늘날 '영성'은 '종교'와 주로 대비된다. 이러한 대비의 타당성은 6장에서 좀 더 자세히 설명할 것이다. 지금 대목에서 분명한 질문은 이것이다. "현대의 영성은 어떤 종류의 신앙과도 구분되는 일련의 선택된 수행일 뿐인가?" 내가 보기에는 현대의 세속적 영성을 포함해 '영성'에 대한 모든 접근법은 '삶에 대한 믿음'이라 불릴 수 있는 것, 효과적인 세계관에 대한 추구를 담고 있다. 신앙인이든 아니든, 대개 사람들은 영성을 기도나 명상 같은 특수한 영적 수행이 수반되는 가치와 원칙적인 생활방식으로 받아들인다. 다음 장에서 보겠지만 영성의 유형이나 전통에 따라 다양한 영적 수행법이 있다.

요컨대 서구에서는 분명한 태도의 변화가 있었다. 더는 자신을 '종교적'이라고 부르지 않는 사람들이 스스로를 '영적'이라고 묘사하고 싶어 한다. 이들은 자신이 지지하는 가치와 의미 있는 삶을 추구하기 위해 실천하는 수행을 그렇게 표현한다. 영국의 두 가지 사례가 이런 점을 보여 준다. 오랫동안 영적 체험에 관심을 가져 온 생물학자 데이비드 헤이가 1987년부터 2000년까지 실시한 설문조사에 따르면, 예배에 참여하지 않으면서도 여전히 '영적 실재'를 믿는 사람의 비율이 29%에서 55%로 증가했다. 이후 사회학자 폴 힐라스와 린다 우드헤드는 영국 북서부의 종교적·영적 태도를 연구했는데, '통합적 영성'이 현대의 필요에 더 잘 맞기 때문에 일종의 진화로서 종교를 대체하고 있다고 결론지었다.

이러한 배경을 염두에 두면서 나는 영성에 대한 접근법을 다음 세 가지로 요약하고자 한다. 첫째 종교적 영성, 둘째 범주가 모호한 비의적 영성, 마지막으로 점점 중요해지는 영성에 대한 세속적 이해의 스펙트럼이다. 이 책 전반에서 이러한 영성에 대한 설명이 전개될 것이다.

• 종교적 영성

간단히 말하면 '종교적 영성'은 다음의 전부 혹은 대부분을 갖춘 전통이다. 체계를 갖춘 초월적 신앙(신에 대한 믿음의 여부), 토대가 되는 문서나 경전, 상징체계, 어떤 가시적 구조, 공적인 수행, 신성한 공간이 그것이다.

모든 위대한 종교는 특정한 문화적 맥락에 놓여 있다. 그 결과로 각 종교는 우리가 '영성'이라고 부르는 것에 대해 서로 다른 개념을 사용한다. 서구와 기독교 세계 바깥에서 '영성'이란 단어가 쓰이기 시작한 것은 19세기 후반 유럽과 인도의 종교계 인사들이 접촉하면서부터이다. 위대한 힌두교 사상가 스와미 비베카난다는 1890년대 미국과 유럽의 청중 앞에서 서구의 사고 및 행동 방식의 한계와 대비시키면서 인도의 문화와 종교가 가진 자연스러운 '영성'을 찬양했다.

종교적 영성을 설명하기 위해 나는 다섯 개의 대표적인 세계종교와 한 개의 현대 서구 종교운동을 예로 들고자 한다. 세계종교의 첫 번째 집단은 성경의 인물인 아브라함을 공통의 조상으로 주장한다는 점에서 '아브라함계' 신앙으로 알려진 것이다. 역사적 순서로 하면 유대교, 기독교, 이슬람이다. 두 번째 집단인 힌두교와 불교는 인도 대륙에서 나왔다. 마지막으로 현대 서구에서 확산된 종교운동으로 신이교주의(Neopaganism)가 있다.

유대교

유대교는 아브라함계 신앙의 '부모'에 해당한다. 유대교 영성은 이집트 노예 생활, 사막 방랑, 약속된 땅 입성, 예루살렘 성전에 하나님의 '자리'와 정치적 왕국 건설, 유배와 귀환, 로마 세계 전역으로 흩어짐 등 고대 이스라엘 사람들의 성서 속 역사와 신화에 서술된 집단 종교 체험에서 나왔다. 이러한 유대교 영성의 중심에는 하느님에 대한 응답이 있다. 즉 신의 현존을 갈구하고, 그 현존 안에서 살아가려고 노력하며, 그러한 삶에 적합한 거룩함에 초점을 맞춘다. 유대교 영성의 두 가지 위대한 원천은 창조된 세계와 토라(Torah)이다. 토라는 히브리 성서의 첫 다섯 권(모세오경), 더욱 넓게는 유대왕국의 성문법과 구전 율법을 가리킨다.

역사적으로 유대교의 영성은 매우 다양했다. 성전시대의 전례, 예언자들의 반문화적인 목소리, 바리새인들의 가르침, 토라를 일상생활에 적용한 후대의 랍비 유대교, 에세네파[2]와 같은 금욕운동, 고대 후기의 필로와 중세의 모세 마이모니데스와 20세기의 에마뉘엘 레비나스를 포함하는 풍부한 철학 전통, 일부 유럽 유대인의 경건주의, 카발라주의[3]를 포함한 신비 전통, 동부 유럽 하시디즘[4]의 엄격한 체제 등에 걸쳐 있다. 예루살렘은 유대인들에게 여전히 강력한 영적 중심지로 남아 있다. 그러나 로마인들이 제2 신전을 완전히 파괴(AD.70)한 이후 유대인들은 성스러운 장소, 성스러운 시대, 인간의 내면과 외부로 드러나는 사회적 행동 사이의 창조적 긴장이 만들어 내는 거룩함 등 전통적 접근 방식을 일상적이고 가족적인 영성으로 탈바꿈시켰다.

기독교

기독교 영성은 유대교에서 생겨났고 계속해서 히브리 경전을 사용한다. 하지만 신약성서에 나오는 예수 그리스도의 가르침을 특별한 출발점으로 삼는다. 기독교는 때로 복잡한 교리와 연관되지만, 하느님의 본성 그리고 하느님과 인간의 관계에 대해 말하고자 하는 열망이 커서 추상적인 측면보다 균형 잡힌 영적 전망과 실천을 지키려는 경향이 강하다. 특히 하느님은 초월적인 신비인 동시에 창조물에 내재하며 인간의 삶에 친근하게 관여하는 존재로 이해된다. 이런 믿음으로부터 훗날 신자들이 '그리스도' 혹은 '기름 부음을 받은 사람'이라고 부르는 나사렛 예수라는 역사적 인물을 하느님의 '육화(인간이 됨)'라는 개념으로 표현한다. 따라서 역사적으로 다양한 기독교의 영적 전통은 어떤 식으로든 그리스도가 중심이 된다.

기독교 영성에서 핵심적인 신약성서의 개념은 회심하고 예수의 길을 따르라는 요청을 뜻하는 '제자도(Discipleship)'이다. 고전적으로 제자도에는 선포, 봉사, 공동체의 일원이 되는 것 등 세 가지 차원이 있다. 기독교 영성은 강한 금욕적 전통을 갖지만 근본적으로 세계를 부정하지 않는다. 자연 세계와 그리스도의 육화는 둘 다 하느님의 자기현시 그리고 성스러움과의 조우라는 맥락에 있다. 기독교 영성은 일상생활을 근본적으로 긍정하면서도, 세상의 무질서와 인간이 하느님 안에서 성취의 원천을 추구하도록 하는 끊임없는 욕망을 인정한다. 결과적으로 기독교 영성에서 하느님은 인간의 무질서와 영적 변화의 가능성 앞에 서게 된다. 동시에 하느님은 인간의 한시적 실존을 넘어 궁극적인 성취를 약속한다. 성서에 기초한 기독교 영성은 개인적이기보다 공동체적이며 신자들의 공동체 안에 있다. 또한 인류에 대한 사랑과 봉사라는 이상으로 표현되듯 명백히 사회적이다.

이슬람

세 번째 아브라함계 신앙인 이슬람은 유대교와 기독교의 경전, 아브라함과 예수를 포함한 예언자들을 존경하지만 그 구체적인 기원은 7세기 아라비아의 예언자 무함마드로 거슬러 올라간다. 그의 주된 가르침은 쿠란(Qur'an, 서구에서는 코란)으로 집대성되었다. 이 책은 신의 계시로 여겨지는 것을 드러내며 초기 경전들의 완성으로 여겨진다. 이슬람 영성은 신에 대한 인격적 헌신에 기초한다. 이것은 신의 뜻을 이루는 방식으로 행동하는 것뿐만 아니라 주의 집중, 신의 의지에 복종하는 것을 포함한다. 따라서 영성의 핵심에는 유대교와 기독교의 믿음, 소망, 사랑이란 덕목에 더해 수용과 헌신의 덕목들이 있다. 하루에 다섯 번 기도하는 행위(메카 방향을 향해 경건한 자세로 쿠란을 암송하는 것), 하느님의 이름을 부르는 것, 식단조절과 단식, 순례(Hajj), 자선, 정결 등이다. 이것들은 삶의 모든 측면에서 신의 뜻을 이루도록 동기를 부여하기 때문에 반드시 지켜야 할 의무이다.

이후 이슬람 영성의 발전 과정에서 영적 수행은 일상생활에서의 미덕이나 올바른 행동을 촉진하는 데 도움이 되는 것으로 여겨졌다. 이슬람의 주요한 양대 분파인 수니파와 시아파는 신앙이나 영적 수행의 차이보다 역사적 계보에 차이가 있다.[5] 일부 무슬림들은 오로지 '움마(Ummah)', 즉 올바른 신자들의 공동체에 초점을 맞추지만 쿠란은 모든 인류의 본질적인 통합에 대한 전망을 제시한다. 가장 신비로운 형태의 이슬람 영성인 수피즘[6]은 수니파와 시아파 전통의 경계를 넘나들었다. 또 여러 시기마다 수피즘은 음악, 시(예를 들어 시인 루미), 명상 기법, 의례 춤, 데르비시(Dervishes) 같은 교단을 통해 이슬람 바깥 세계에 상당한 영향을 끼쳤다.

힌두교

이제 인도에서 시작된 종교에 대해 알아보자. 힌두교는 철학 전통, 경전, 신앙 또는 민속종교, 금욕운동의 복합체이다. 다양한 기원을 가진 힌두교는 현존하는 세계종교 가운데 가장 오래된 종교이다. 일부 학자들은 기원전 2500년경 인더스 계곡의 도시들을 기원으로 추정한다. '경전'으로는 베다와 우파니샤드(기원전 1500년부터 전해 내려옴)[7]처럼 신성하게 계시된 것이 있고, 바가바드 기타(기원전 500년~기원후 100년 사이에 쓰인 요가와 바른 행동에 관한 문서)를 포함한 마하바라타[8]나 푸라나 신화(900년경)[9]처럼 후대에 인간이 집성한 지혜서 혹은 신화들도 있다.

'영혼' 혹은 '신'의 관점에서 볼 때 힌두교는 다양한 접근법을 수용한다. 개인의 영혼 또는 참자아(Atman, 아트만)는 영원하다. 일부 사람들은 아트만을 브라흐만(Brahman), 즉 최고의 영혼과 동일시한다. 따라서 삶의 목표는 아트만과 브라흐만의 동일성을 깨달음으로써 해탈(Moksha, 모크샤)에 이르는 것이다. 그 밖의 사람들은 브라만을 인격화한 비슈누, 시바 혹은 각자의 종파마다 어떤 신성한 존재를 숭배한다. 아트만은 신에 의존하며 모크샤(궁극적 자유)는 신의 사랑과 자비에 기초한다.

힌두교 영성의 두드러진 특징은 눈앞의 현실에서 진정한 현실의 발견으로 나아감이다. 윤회를 통한 실재로의 여정에는 금욕적 포기 또는 '비세속적'인 삶을 배우면서 세상을 살아가는 일이 포함된다. 이는 우연히 주어진 현실을 통합으로 가기 위한 일시적 수단으로 간주한다는 뜻으로 점진적인 자아의 상실이 요구된다. 다양한 영적 여정은 단순한 자아실현의 기술이 아니라 진정한 깨달음을 향한 길이기도 하다.

불교

불교는 힌두교로부터 유래하지만, 근본적으로는 기원전 5세기 중엽부터 6세기 중엽까지 북부 인도에 살았던 고타마 싯디르타의 가르침에 기초한 다양한 전통이다. 싯다르타는 더 깊은 성취를 위해 자신의 부유한 배경을 포기했고 결국 '붓다(Buddha)' 또는 '깨달은 사람'으로 알려지게 되었다. 그의 가르침은 감각을 지닌 모든 존재가 고통에서 해방되고 윤회에서 벗어나 깨달음(Nirvana, 니르바나)을 얻는 방법을 알려준다. 불교에는 크게 두 갈래가 있다. 상좌부불교(Theravada)는 스리랑카·태국 등 동남아시아 지역에 분포되어 있으며, 대승불교(Mahayana)는 티베트·중국·몽골·한국·일본에서 다양한 형태로 나타나며 선(禪)을 포함한다. 불교는 교리보다 영성에 가장 집중하는 종교이다. 붓다는 신이 있을지도 모른다는 것을 부정하지 않으면서도 구원을 위해 어떤 신에게도 의존할 필요가 없다고 가르쳤다. 이런 접근은 노골적인 무신론이라기보다 비신론이라고 하는 게 적절하다.

영적 여정의 기본은 '고귀한 팔정도(八正道)'이다. 팔정도는 붓다의 가르침(Dharma, 다르마)을 요약한 '사성제(四聖諦)' 가운데 네 번째로, '사물'에 대한 그릇된 갈애로 인한 괴로움에서 벗어나 궁극적인 해탈에 이르는 길을 제시한다. 팔정도는 '고강도 수련'이 필요한 세 개의 묶음으로 나눠진다. 마음을 정화하는 지혜(Prajna), 비윤리적 행위를 삼가는 계율(Sila), 명상 수행을 포함한 마음 수련(Samadhi)이다. 팔정도의 목적은 변화된 영적 통찰력을 얻고 환상에서 벗어나며 보편적인 자비를 배우는 것이다. 불교의 일부 종파는 헌신을 실천하지만 가장 일반적인 영적 수행은 평화, 마음챙김, 자비로운 지혜를 지향하는 명상이다(서구에서는 특히 선 수행이 유명하다). 때때로 불교의 '공(空)'은 명상을 통해 마음을 비우는 것으로 이해되지만, 그보다는 세상의 모든 존재는 독립적으로 완전할 수 없음을 뜻하는 말로 받아들이는 게 더욱 적절한 이해이다.

신이교주의

마지막으로 신이교주의는 북미와 유럽에서 최근에 나타난 현상이다. 정교한 구조는 없으면서 기독교 이전의 신앙 체계를 반추하는 현대의 다양한 영적 운동을 아우른다. 신이교주의는 초월적 신앙을 수용하기 때문에 세속적 철학이라기보다는 종교에 가깝다. 그러나 신이교주의적 정통성 같은 것은 없다. 신이교주의 신봉자들은 다신론(만신전)이나 범신론(성스러운 자연) 혹은 양자의 결합을 믿는다. 어떤 집단에서는 성스러운 여성 유일신을 강조하기도 한다. 이들에게는 영적 수행이 신앙 체계보다 더 중요하다. 위카[10]와 드루이디즘[11]같은 집단이 여기 속한다. 흔히 의례에서 주술을 사용하며, 계절이나 달의 변화 주기에 맞춰 함께 모여서 이를 축하하는 축제를 연다. 어떤 단체들은 악(惡)과의 연관성을 끊기 위해 긍정적인 주술을 실행하기도 한다. 자연을 존중하고 보살피는 것과 더불어 축하, 기쁨, 개인적인 자유의 감각 등을 특수한 영적 가치로 삼는다.

신이교주의의 가장 대표적인 순례지 중 하나는 영국 솔즈베리 북쪽 윌트셔주에 있는 유네스코 세계문화유산인 스톤헨지이다. 이 원형 석조물은 선사시대 주요 매장지의 중심에 있으며 기원전 3000~2000년 사이에 만들어진 것으로 추정된다. 스톤헨지의 본래 목적에 대한 여러 가지 이론이 있지만, 이 유적을 건설한 사회에 대한 어떠한 문자 기록도 남아 있지 않기에 모두 추측일 뿐이다. 그렇지만 분명히 종교적·영적 목적이 있으며, 그 시대의 종교가 계절과 별의 움직임에 중점을 두고 있었음을 감안하면 일종의 '천문대' 기능을 했을 것으로 추측된다. 현대의 신이교주의 신봉자들, 특히 '고대 드루이드 교단'은 스톤헨지를 영적 순례의 장소로 부활시켰다. 이들은 춘분과 추분, 동지와 하지처럼 계절과 달의 변화 주기로 구성된 고대 이교주의 달력에 따른 축제 기간 동안 이곳에서 의례를 행한다.

• 비의적 영성

영성의 두 번째 범주는 '비의적'인 것이다. 이러한 영성은 때로 종교적인 요소, 때로 철학적이거나 윤리적 요소를 가지고 있기에 애매모호하다. 비의적 영성은 최근 몇 년간 부흥하고 있다. '비의적'이라는 단어는 비밀주의를 암시한다. 하지만 은밀한 의식과 특별한 입문 방식 외에도 비의적 영성은 다음과 같은 몇 가지 특징을 공유해 왔다. '상호조응(Correspondence)'은 보이는 우주와 보이지 않는 우주 사이의 상호연결성을 이해하기 위한 암호를 뜻한다. 자연은 풍부한 잠재적 계시를 보유한 한 권의 책이다. '매개(Mediation)'는 상징, 의례, 영혼, 우주적 신비의 중개자 역할을 하는 교사로 구성된다. '변성(Transmutation)'은 명징한 지식의 탐구, 우주의 여러 단계를 꿰뚫고 나아감, 심지어 새로운 탄생을 촉진한다. '일치(Concordance)'는 탁월한 혜안으로 종교 간의 공통성을 추구한다. '전도(Transmission)'는 깨달은 사람으로부터 초심자에게로 비의적 가르침이 전수되도록 한다.

잘 알려진 비의적 운동으로는 인지학, 신지학, 장미십자회, 프리메이슨, 비전통적 카발라, 강신술 등이 있다.

인지학은 20세기 초 오스트리아의 사상가 루돌프 슈타이너가 창시한 영적 철학이다. 그는 기독교 인본주의의 한 형식을 자연과학의 원리와 연결했다. 이것은 슈타이너 발도르프 학교, 특별한 도움이 필요한 사람들을 위한 지역사회의 캠프힐 운동(Camphill Movement)으로 잘 알려져 있다.

19세기 후반 뉴욕에서 블라바츠키 여사가 창시한 신지학은 인도 종교의 영향을 강하게 받은 종교철학, 오컬트 지식, 신비주의가 혼합된 종교이다. 러시아 작곡가 알렉산더 스크랴빈 같은 예술가와 음악가들이 여기에 매료되었다. 스크랴빈은 음악이 어떻게 인식을 변화시키며 모든 예술의 거대한 종교적 합성이 어떻게 새로운 세계의 탄생으로 이어지는지에 대한 '신비적' 이론을 만들었다.

장미십자회는 중세 비밀결사와 연금술사인 크리스티안 로젠크로이츠에서 시작된 것으로 알려져 있다. 18세기를 거치면서 고대 이집트, 그리스, 드루이드, 영지주의[12]의 신비적 요소를 연금술 체계에 덧붙였다고 전해진다. 현대의 장미십자회는 비의적 기독교나 프리메이슨과 유사하게 다양한 분파로 나뉘어 있다.

프리메이슨은 국제적으로 대규모 회원을 확보한 남성

친목 단체로서 롯지(Lodge)라고 불리는 지역 집단과 그들에 대한 관할권을 가진 그랜드 롯지(Grand Lodge)로 조직되어 있다. 최고의 존재(위대한 우주의 건축가)를 믿어야 한다는 조건 외에도 비의적 의례와 복장, 중요한 상징의 사용, 상호 인지를 위한 비밀스러운 몸짓이 있다. 프리메이슨의 가치로는 도덕적 올바름, 형제애에 대한 헌신, 자선 행위 등이 있다.

카발라는 원래 유대교의 신비주의 운동이었지만 서구의 비의적 카발라는 점성술, 연금술, 신플라톤주의[13], 영지주의, 타로 또는 탄트라 등에서 끌어낸 혼합적 수행과 가르침을 포함한다. 탄트라(Tantra)는 정의하기가 매우 어렵지만 서구 '뉴에이지' 운동에 채택되기 전까지 아시아의 모든 주류 종교에 영향을 주었다. 탄트라는 전 우주를 흐른다고 믿어지는 에너지를 이용하려는 비의적 사상과 수행의 축적이다. 탄트라는 실재에 대한 비이원론적 이해를 기반으로 하며 인간의 육체적 삶의 모든 측면에서 영적 차원을 열어 준다.

강신술은 20세기 전반기 영어권의 전문가와 상류계급 사이에서 특히 인기를 끌었다. 이것은 일신론적이고, 오늘날 기독교 교회 중 하나로 조직되어 있으며, 죽은 사람의 영혼이 교사(영매)를 통해 산 사람과 교류하면서 사후세계에 대한 지식을 제공함으로써 영적·도덕적으로 인도한다고 믿는다.

• 세속적 영성

현대의 영성에서 점점 더 중요해지는 범주는 광범위한 세속적 접근이다. '세속적'이라는 단어는 원래 '종교적'의 반대말이 아니었다. 라틴어 'Saeculum'은 단순히 '이 시대' 또는 '여기서 어떻게'를 의미한다. 그러나 현대 용법으로 '세속적 영성'은 명백하게 비종교적 맥락에서 영성이 사용되는 방법을 가리킨다. 철학, 심리학, 젠더연구, 미학, 과학에서 의미의 틀로서 '영성'에 대해 이뤄진 중요한 접근을 아래에서 간략히 소개한다. 직업 세계, 음식 및 옷과 관련된 '영성'이라는 단어의 사용은 4장에서, 공공 가치(예를 들어 보건의료, 경제, 도시 생활)와 관련된 영성은 5장에서 살펴볼 것이다.

철학

세계사의 맥락에서 볼 때 철학은 종종 영성과 겹쳐진다. 중요한 사례는 유교이다. 유교의 기원인 중국의 공자는 도덕적 미덕, 특히 인간성, 공손함, 예절의 함양을 강조했다. 이러한 덕목들은 진정으로 고결한 사람의 전형이었다. 올바른 질서와 화합은 올바른 가족 관계에서 시작해 더 넓은 사회로 퍼져 나간다. 유교의 기본 철학은 일상사에 반영되는 우주적 조화이다. 따라서 물질적 삶의 평범한 면모들이 신성하게 여겨진다. 천국이나 궁극의 감각이 아예 없지는 않지만 초점은 이 세계에서 더 진실하게 살아가는 데 있다. 당연히 유교는 문화 형식, 교육, 통치, 농업 등 우주가 생명을 유지하는 과정으로 볼 수 있는 모든 것에 높은 가치를 부여한다.

현대 서양철학으로 눈을 돌리면, 많은 사상가가 영성이라는 관념에 관여해 왔다. 프랑스의 저명한 철학사학자 피에르 아도는 영성과 철학에 대한 뛰어난 저서인 《삶의 방식으로서의 철학(Philosophy as a Way of Life)》을 썼다. 이 책은 소크라테스부터 미셸 푸코에 이르기까지 '영적 운동'의 역사를 보여 준다. 아도에게 철학은 순전히 지성적인 것이 아니다. 철학의 목표는 삶의 기술을 함양하고 인간 존재를 전환하는 것이다. 영국의 철학자 존 코팅엄은 철학과 종교를 더 분명하게 연관시킨다. 그는 철학을 인간의 자기 발견, 개인의 경험, 인식 전환의 문제로 끌어들인다. 몇몇 철학자는 무신론 또는 불가지론으로 영성에 접근한다. 프랑스의 앙드레 콩트-스퐁빌과 미국의 로버트 솔로몬이 그런 경우이다. 콩트-스퐁빌은 무신론이 인간의 영적 또는 형이상학적 측면을 부정할 이유가 없다고 주장한다. 철학적 영성은 '전체'와 인간의 충만함에 관여하려는 욕구를 뜻한다. 솔로몬 역시 무신론적인 '자연화한 영성'의 토대를 '생명에 대한 사려 깊은 사랑'에 두고 있다. 그는 에로스, 진정한 신뢰, 감정의 합리성, 비극과의 직면, 선물로서의 삶, 변화하는 자아, 최종적으로 죽음의 도전과 같은 주제들을 다룬다.

심리학과 심리치료

심리 발달과 심리치료에 관련된 영성 자료가 많이 있다. 여기에서는 종종 영적 발달을 성적 정체성, 성적 성숙과 연관 지어 생각한다. 상담자와 내담자가 맺는 관계가 성장의 매개로서 종교에 기반한 영적 인도를 대체한다고 보기도 한다. 심리학자나 심리치료사는 판단을 유보한 무조건적 수용과 공감이 중요한 가치가 되는 지점에서 영적 인도자의 역할을 한다. 거꾸로 보면 오늘날 종교 형식의 '영적 인도'는 심리치료라는 측면에서 사람들의 삶에 관심을 기울인다.

중요한 심리적 작업으로는 에이브러햄 매슬로의 영향력 있는 이론, 롤로 메이 혹은 불교의 영향을 받은 켄 윌버의 저작, 데이비드 폰타나의 심리학과 영성의 결합, 윌리엄 웨스트의 심리치료 모델과 영적인 것 사이의 대화 등이 있다. 중독 역시 점점 더 영적 질병으로 취급되고 있으며, 12단계 프로그램 같은 고전적인 중독 치료법은 영적 자기 발견에 기초한 개인의 신앙을 권장한다. 심지어 영국 왕립 정신의학대학은 영성과 영적 요구에 관한 책을 출판했다. 정신의학, 심리학 또는 심리치료에 대한 이 모든 접근법은 공통적으로 협소한 의학적 치료 모델을 넘어서려는 움직임이다.

심리치료를 위한 글쓰기 또한 '적응' 요법을 넘어서 인식 상태, 즉 내면의 삶을 재정렬하기 위한 매개로서의 자기 이해,

영적 과정으로서의 치료, 소외에 대한 대응으로서 자신과 다른 사람들의 조화로운 연결성 획득하기 같은 주제를 탐구한다.

젠더와 섹슈얼리티

1980년대까지만 해도 영성은 여성, 남성으로서의 경험이나 섹슈얼리티의 경험과는 무관하게 매우 일반적인 용어로 사용되었다. 하지만 영성이 삶의 핵심과 연관되어 있기에 젠더 및 섹슈얼리티와의 관계는 필연적이다. '젠더(Gender)'란 문화별로 서로 다른 성적 특징을 부여한다는 의미를 내포한다. 페미니스트 영성 같은 여성 영성 운동은, 예컨대 에코페미니즘처럼 개인적·사회적·지구적 차원의 관심을 포용해 창의적으로 재구성한다. 에코페미니즘은 육화와 주체성을 강조한다. 페미니즘은 순전히 정치적이지만은 않다. 여성 해방에는 영적 요소도 있다. 예를 들어 페미니스트 영성은 신이나 인간 타자에 대한 '복종'의 개념, 몸과 정신의 이분법, '피안'의 정서를 거부한다. 이들은 중세 여성 신비주의자들(베긴회[14]또는 노리치의 줄리안), 라비아와 같은 여성 수피들, 《장로니게》[15]에서 깨달음을 추구하는 불교 비구니들 같은 과거의 여성 선구자들을 영적 역할 모델로 삼는다.

여성 영성 운동에 대한 대응으로 새로운 남성 영성 운동도 일어났다. 이것은 남성들 사이의 깊은 상실감을 강조한다. '상실감'은 사회적 변화를 되돌리려는 욕구가 아니라 과거의 가부장적 확실성을 제거함으로써 야기되는 영적 도전을 의미한다. 이를테면 '지혜를 찾으려는 남성들은 지금 어디 있는가?' '영적 수행을 통해 남성들이 해야 할 일은 무엇인가?' 같은 질문들이다. 남성 영성의 중요한 주제들로는 신 혹은 신성에 대한 보다 폭넓은 접근, 진정한 영적 실체로서의 섹슈얼리티와 육화의 포용, 의무 위주의 고전적인 남성문화와 대조되는 '야성(Wildness)'과 놀이의 개발, 안정의 욕망보다 삶의 유동성 수용, 정서적 지능의 회복 등이 있다. 남성 영성 운동은 과거의 배제, 침묵, 도덕적 비난을 반전하는 방식으로서 게이 남성들에게도 호소력을 갖는다.

영성과 섹슈얼리티의 관련성은 더욱 넓어지고 있다. 섹슈얼리티는 더는 순수한 정신 물리적 현실로만 여겨지지 않는다. 그것은 인간의 근본적인 정체성과 관련되어 있기에 영적 차원을 가지고 있다. 마찬가지로 과도한 쾌락이 아닌 균형 잡힌 쾌락은 자기초월의 한 방식이 될 수 있다. 그러한 견해는 때로 탄트라에 대한 현대 서구인들의 끌림과 관련이 있다.

미학과 예술

비종교적 맥락에서 미학은 현대 영성의 중요한 매개체가 되었다. 이것은 예술과 관련이 있지만 단순히 오락이나 감각적

즐거움의 문제가 아니다. 미학이라는 단어는 '지각에 관한'이라는 뜻의 그리스어 'Aisthetikos'에서 유래했으며, 우리가 어떻게 감각을 통해 현실을 이해하게 되는지를 의미한다. 임마누엘 칸트에서 마르틴 하이데거에 이르기까지 주요 철학자들은 '미(美)'를 다양한 방식으로 설명했다. 몇몇 철학자는 이 개념이 단순히 매력적인 것만이 아니라 신성, 진실, 통합과 관련된 것, 즉 '숭고함'과 관련이 있다고 보았다. 모든 예술(음악, 회화, 조각, 연극, 문학, 무용)의 중심에는 이미지의 힘이 있다. 예술가는 이미지를 만들고, 이미지로 소통하며, 청중들은 상상력을 통해 '의미'를 얻는다. 이미지는 네 가지 패턴으로 의미를 불러일으킨다. 감각적 경험, 세계를 인식하는 해석의 틀, 세상이 어떠해야 하는지에 대한 판단, 어떻게 살아야 하는지에 대한 결단이다. 다시 말해 예술적 이미지는 이성적인 담론의 한계를 넘어 인간 경험의 깊은 곳을 건드리는 능력이 있다. 이것이 예술의 영적 차원이다.

일부 종교 단체는 이미지를 심각하게 불신해 왔다. 예를 들어 이슬람은 신의 재현을 금지하며, 16세기 개신교 종교개혁가들은 이미지를 성서의 '진리'와는 무관한 위험한 힘으로 받아들였다. 하지만 역사적으로 볼 때 창조적 예술은 깊은 종교적 뿌리를 갖고 있다. 미켈란젤로의 예술, 조지 허버트의 시, 요한 제바스티안 바흐의 음악에는 종교적 깊이가 있다. 마찬가지로 넓게 이해하면 모든 종교는 예술 형식을 이용한다. 힌두교 사원의 회화와 조각의 다채로움, 중세 대성당의 우주적 건축, 불교 승려들의 게송, 이슬람 수피의 음악과 시를 보면 알 수 있다. 어떤 예술가들은 종교와 무관하게 삶의 철학이자 영적 수행의 형식으로 작품에 접근한다. 더 넓게 보면 많은 사람에게 미적 경험은 자기초월의 강력한 원천이다. 이에 대해서는 3장에서 자세히 살펴본다.

과학

마지막으로 과학은 세속적 영성 가운데 가장 최근에 영입된 신인이다. 일찍이 프랑스 신부이자 고생물학자, 지질학자인 피에르 테야르 드 샤르댕 같은 선구적 인물은 과학의 신비로운 요소를 환기하고자 했다. 최근에는 많은 과학자가 순전히 입증 가능한 것에만 집중하는 데서 벗어나고 있다. 최고의 과학자들은 절대적 확실성을 거부하며 계속해서 확대되는 지식과 새로운 이론의 등장에 응답할 준비가 되어 있다. 이런 태도는 불확실성을 과학적 엄격함의 부족이라고 믿는 대중들의 오해와 맞선다. 오히려 많은 현대 과학자는 불확실성이야말로 자신들의 작업에서 중심이라고 말한다. 새로운 과학 패러다임에서 과학자들은 최종적인 '진리'를 찾는 게 아니라 끊임없이 발견되고 정교해지는 과정에 놓인 이해의 모델을 시험한다.

신성한 것, 영적인 것, 종교적인 것은 어떠한 형식의 문자주의로도 설명하기 어렵지만 과학은 이런 개념들과 본질적으로 모순되지 않는다. 이와 관련해 케임브리지대학교의 생물학자 루퍼트 셸드레이크는 교조적 유물론과 과학의 문자주의에 의문을 제기하는 놀랍고도 논쟁적인 글을 발표했다. 과학이 자연현상을 연구하면서 가장 깊은 차원에서 '자연'이 무엇인지 질문할 때, 과학은 끝없이 열린 신비를 직면하게 된다. 현대 과학은 그것이 신의 존재를 암시한다는 가정을 거부하더라도 '누멘적인 것(The Numinous)'[16]을 인정하는 데 두려움이 없다. 천체물리학이든 우주론이든 미생물학이든, 어떤 과학적 연구 방식으로 접근하더라도 과학자들은 구체성, 예측 가능성, 완전한 분석과 같은 과거식 유물론의 확실성을 반박하는 더 깊은 질문과 마주친다. 불확정성과 예측 불가능성은 정직한 과학 탐구에서 필수적인 부분이 되었다.

한편 기후변화에 대한 걱정과 두려움으로 인해 생태 영성이라는 주제가 점점 더 인기를 끌고 있다. 이는 단지 '경이로움'의 회복에 관한 것이 아니라 인간 행동이 자연 세계에 미치는 영향에 관한 것으로, 과학적이고 실천 윤리적이며 영적인 질문이다. 영성에 대한 이런 방식의 접근은 인간이란 존재가 더 넓은 환경을 지배함으로써 독특한 가치를 지닌다는 개념에 도전한다.

• 결론

요약하자면 '영성'이란 개념은 그 넓이와 확장성 때문에 다소 혼란스럽다. 다행스럽게도 영성에 대한 현대적 이해의 세 가지 방식이 확립돼 있다.

첫째, 영성은 본질적으로 맥락과 문화와 관련이 있다. 우리가 영성에 대해 말하는 방식은 그것이 쓰이는 서로 다른 맥락의 관심사를 반영한다. 예를 들어 보건의료와 교육에서 영성의 강조점은 서로 다르다. 마찬가지로 유럽이나 북미의 영성과 아프리카, 아시아, 라틴아메리카의 영성은 뚜렷이 구별되는 풍미를 지닌다.

둘째, 이렇게 다양한 접근법에도 불구하고 영성에 대한 잠정적인 정의를 가능하게 하는 가족유사성이 존재한다. 영성은 삶에 대한 완전히 통합된 접근(전체론)과 관련이 있고, '신성함'에 대한 탐구를 포함하며, 의미에 대한 욕구를 뒷받침하고, 인간의 정체성·목적·번영에 대한 이해를 어느 정도 내포한다. 결국 영성은 궁극적인 가치에 대한 욕구를 가리키며 순전히 실용적이기보다는 어떤 원리가 내재한 삶의 방식을 의도적으로 추구한다.

셋째, 영성에 대한 현대의 접근법은 다양한 형식을 취한다. 이는 영성이 평등하거나 최소한 반권위적으로 바뀌었기 때문이다. 영적 탐구를 하는 사람들은 종종 전통적인 권위의 원천이나 고정되고 독단적인 체계와의 연관성을 거부하며, 개인적이고 내면적인 경험을 더 중요하게 생각한다. 이로 인해 하나 이상의 영적 전통을 차용하거나 심지어 '이중 소속-나는 기독교인인 동시에 불교인이다'라고 이야기하는 사람이 점점 늘고 있다.

다음 장에서는 세계종교와 세속적 영성에서 나타나는 다양한 유형과 전통에 대해 좀 더 자세히 알아본다.

"오늘날 영성은 종교와 상관없이
모든 사람이 타고난 것으로 여겨진다."

2장 유형과 전통

세계종교와 연관된 것을 포함해 영성은 매우 다양한 형식을 갖는다. 이는 영적 성장과 전환에 얽힌 독특한 이론 또는 지혜의 가르침, 영적 수행, 일상에서의 접근법 등으로 나타난다. 이 장에서는 먼저 종교 간 경계를 넘어 적용되는 다양한 형식의 영성을 분류해 본다. 나는 이를 '유형(Types)'이라고 부른다. 유형에 따라 1장에서 소개한 다섯 종교의 사례를 살펴볼 것이다. 현대의 세속적 영성에 나타나는 스타일과 유형에 대해서도 언급할 것이다. 또한 각 종교에서 어떻게, 왜 일정 범위의 영적 전통이 생겨났는지와 그러한 전통이 어떻게 발전했는지, 시간이 지나면서 왜 일부분만 살아남았는지를 간략히 살펴본다. 마지막으로 다양한 영적 유형과 전통이 특정 인간을 성인, 모범, 현자로 승격시키는 방법에 대해 알아본다.

• 유형이란 무엇인가?

영성의 '유형'이란 본질적으로 어떤 특성을 공유한 지혜와 수행의 스타일이다. 이런 특성들은 영성의 '유형'을 어느 정도 정확하게 정의된 하나의 집단으로 구분해 준다. 그런 다음에는 비교의 틀(유형학)을 발전시켜 유형들 사이의 차이를 이해할 수 있다. 그러나 먼저 주의할 점이 있다. 유형학은 영성의 복잡성을 분석하는 데 유용한 도구이지만 온전한 서술이 아닌, 현실에 대한 해석이라는 점을 기억해야 한다. 모든 연구 분야에는 이해 가능한 방식으로 자료를 조직하는 데 유용한 해석의 틀이 있다. 가령 역사학자들은 지속적인 시간의 흐름을 다루기 쉽게 나눠 놓은 '시대'에 대해 이야기한다. 그러나 학자들은 또한 그러한 '시대'가 절대적이거나 완전히 독립적인 단위가 아니라는 것을 안다.

나는 영성을 광범위하게 네 가지 유형으로 분류하고자 한다. '금욕적', '신비적', '능동적-실용적', '예언적-비판적' 영성이다. 이런 유형들은 어느 정도 중복된다. 금욕적 형식의 영성은 신비적 요소를 가질 수 있다. 예를 들어 기독교 오순절주의(Pentecostalism)[17]는 성령의 변화시키는 능력을 특별히 강조한다. 또 황홀경의 요소와 함께 봉사, 때로는 급진적인 사회적 행동을 강조한다. 서로 다른 유형의 영성은 '비진정성'에서 벗어나 '진정성'을 향하는 과정에서 자기초월과 변화를 유도한다. 넓게 볼 때 '진정하지 않은 것'이란 일종의 한계 감각 혹은 자유의 부족을 뜻한다. 네 가지 유형의 영성은 각각 어디서 변화가 일어난다고 생각되는지(맥락), 어떻게 변화가 일어나는지(실천·규율·삶의 방식), 변화의 궁극적 목적 혹은 도달점은 무엇인지(인간의 운명)와 같은 문제에 대한 해답을 찾는다. 각 유형의 가치와 영적 수행에 대해서는 다음 세 장의 관련된 부분에서 좀 더 자세히 다룰 것이다. 다음은 간략한 소개이다.

• 금욕적 유형

영성의 첫 번째 유형은 '금욕적'인 것이다. '금욕적' 그리고 '금욕주의'라는 단어는 '훈련' 또는 '훈육'을 뜻하는 고대 그리스어 'Askesis'에서 유래했다. 기원은 아마도 운동경기의 맥락일 것이다. 위에서 언급한 '어디서', '어떻게', '무엇을'의 관점에서 볼 때 금욕적 유형은 광야, 수도원, 아쉬람과 같은 특별한 장소가 배경이 되며 적어도 물질적 소비주의 맥락에서의 성취는 배척한다. 자기부정, 검약, 세속적 쾌락의 절제를 영적 깨달음과 도덕적 완성으로 향하는 길로 묘사하는 특징이 있다.

이러한 유형은 이슬람, 힌두교(예컨대 요가 수련), 불교, 특정한 형식의 기독교(예컨대 수도원 생활) 영성에 분명히 존재한다. 현대 유대교에서는 뚜렷하지 않다. 어떤 사람들은 금욕주의를 마조히즘처럼 받아들인다. 그러나 일반적인 오해와 달리, 주류 종교에서 추구하는 금욕주의의 진정한 목적은 체벌하거나 일상생활을 부패하고 환각적인 것으로 배척하는 것이 아니다. 오히려 금욕주의는 우리의 영적 진전을 방해하는 모든 것으로부터 해방되고자 한다. 강박관념, 물질적 소유에 대한 의존 또는 기독교와 같은 몇몇 종교들이 유혹이라고 부르는 것이 그런 방해물이다. 금욕주의는 전반적으로 방탕한 삶이 아닌 절제된 삶을 뜻한다. 금욕적 유형의 영성에서 얻는 최종 성과는 물질적 집착으로부터의 해방과 도덕적 행동의 심화로 요약될 수 있다.

• 신비적 유형

형용사 '신비적'과 명사 '신비주의'는 대체로 비밀 혹은 종교적 신비와의 연결을 의미하는 고대 그리스어 'Mystikos'에서 유래했다. 오늘날 신비주의는 비의적이거나 아주 신비로운 어떤 것을 가리키는 말로 쓰이는데, 특히 우주와의 무한한 연결감 혹은 꿰뚫어 보는 듯한 상태나 환시처럼 특별한 통찰과 깨달음 내지 그런 경험을 의미한다. 하지만 신비적 유형의 영성은 신이나 궁극의 실재와 교감하거나 그들의 직접적 현존을 추구하는 것에 더 가깝다. 일상생활에서의 퇴각이 아니라 일상이 더욱 경이로운 어떤 것으로 바뀌는 것을 제안한다. 신비적 유형의 영성은 종종 담론적 추리와 분석을 넘어 신성한 것에 대한 직관적 '앎'과 관련된다. 최종적으로는 의식의 변화(깨달음 또는 밝음), 존재의 궁극적인 깊이와의 연결감을 얻고자 한다. '신비주의'는 모든 세계종교에 어떤 방식으로든 존재한다. 특히 종교적 수행 과정에서 강렬하게 경험한다. 말하자면 신자들은 '신비주의자'가 되는 것이 아니라 자신들의 이슬람, 힌두교, 기독교 등의 영적 여정에 특별히 헌신함으로써 신비를 경험한다. 이를 위해 종종 다양한 종류의 관상 수행이 필요하다. 이런 이유로 서로 다른 종교끼리는 각자의 신앙이나 그 안에서 도덕적으로 변화된 삶과 분리된, 단지 영적 '경험' 차원의 '신비로움'을 이해할 수 없다.

미국의 심리학자이자 철학자 윌리엄 제임스는 여전히 인기 있는 1902년 작《종교적 경험의 다양성》에서 각 종교 전통이 갖는 특정한 신앙이나 형식에 앞서는 보편적인 내면 경험으로서의 신비로움에 초점을 두었다. 이런 견해가 갖는 문제점은 추상적인 '영적 본질'을 내세움으로써 불교, 기독교, 그 밖의 종교들이 실제로 영적 여정을 어떻게 이해하는지 정확히 설명하지 못한다는 것이다. '절대적으로' 순수한 경험을 우리의 선행하는 지적 가정과 해석으로부터 분리하는 일은 불가능하다.

• 능동적-실용적 유형

능동적-실용적 유형의 영성은 평범한 인간 세계와 일상에 다양한 방식을 적용하고 자격을 부여함으로써 이것을 영적 행로와 진정성 탐구의 중요한 맥락으로 끌어올린다. 이러한 유형의 영성에서는 굳이 진리와 성취, 깨달음에 도달하기 위해 일상의 관심사에서 멀어질 필요가 없다. 영적 성장을 위해 필요한 것은 우리 손이 닿는 곳에 있다. 일본의 선승 하쿠인(白隱)의 가르침처럼 "연화정토(蓮花淨土, 극락)는 멀지 않"으며 예수의 말씀으로는 "하느님의 나라가 너희 가운데 있다." 이러한 유형의 영성은 세계의 모든 신앙에 다양한 방식으로 존재한다. 예를 들어 힌두교 베단타의 종교적 인본주의(라마크리슈나 교단의 자선사업), 일부 불교 종파의 유사한 경향, 중세 이후의 다양한 기독교 인본주의, 16세기 이그나티우스 로욜라와 연관된 '모든 것에서 하느님을 찾는' 봉사의 영성이 이에 해당한다.

어떤 면에서 능동적-실용적 유형의 영성은 금욕적이거나 신비적인 유형보다 훨씬 접근하기 쉽다. 영성은 일상의 실존 한가운데서 신이나 절대자를 찾는 것이라고 강조하기 때문에, 특별한 삶의 방식에 헌신하거나 집중적인 관상 수행에 시간을 바치는 집단만이 아니라 모든 이들에게 열려 있다. 가족, 직장 또는 어떤 사회적 맥락이든 관계없이 일상적인 경험, 헌신, 활동이라는 매개를 통해 영적 의미와 지향을 찾고자 한다. 즉각적인 것을 넘어 삶에 대한 더 큰 주의력을 기르고, 전체론적 생활방식을 추구하며, 자기중심적인 쾌락이나 물질적인 성공을 뛰어넘는 행복을 찾는 데 영적 수행을 활용한다. 이러한 유형의 영성은 수용, 용서, 동정, 관용, 자비, 사회적 책임, 자기중심주의에서 벗어남 등 인간의 미덕에 깃든 영적 가치를 강조한다. 또 영적 수행의 형식으로서 이웃을 무조건 섬길 것을 권유한다. 이런 유형의 영성은 어떻게 우리가 '타인을 위한 사람'이 될 수 있는지의 문제를 다룬다.

• 예언적-비판적 유형

마지막으로 예언적-비판적 형식의 영성은 이웃을 섬기는 실천을 넘어 사회비판과 사회정의를 영적 과제로 바라보고 헌신한다. 역사적으로 유명한 영성은 항상 예언적-비판적 요소를 가졌다. 예를 들어 기원전 6세기 고타마 싯다르타 왕자(붓다가 된 사람)가 선택한 금욕적 생활방식은 자신이 속한 지배계급의 방종한 삶에 대한 반응이었다. 아모스, 이사야, 예레미야 같은 히브리 성서의 예언서들은 부패한 종교나 정치체제를 비판했다. 마찬가지로 기독교에서도 13세기 아시시 프란치스코의 청빈 운동은 물질적이고 영적인 가난, 소외된 사람들과의 협력에 초점을 맞춤으로써 프란치스코 자신이 속한 부유한 상인계급의 팽배한 죄악에 저항하고자 했다. 종교개혁 기간 동안 재세례파[18]같은 집단은 기성의 사회질서에 대해 급진적인 영적 비판을 제기했다. 그러나 붓다, 성서의 예언자, 프란치스코는 사회변혁을 내세운 명확한 이론을 개발하거나 장기간의 운동을 권유하지는 않았다.

사회비판적인 영성에 관한 뚜렷한 이론이 나온 것은 20세기의 일이다. 그 이유는 복잡하다. 대체로 이 새로운 스타일의 영성은 세 가지 상호 연관된 요소에 대한 반응이었다. 첫째, 인간의 폭력과 억압—두 번의 세계대전에서의 살육, 20세기 중반의 전체주의, 홀로코스트, 원자핵 시대의 탄생—에 대한 압도적 인식이 있었다. 둘째, 위대한 유럽 제국들이 서서히 물러가고 아프리카, 아시아, 중남미에서 식민주의가 종종 폭력적으로 막을 내렸다. 셋째, 유럽과 북미에서 사회 변화의 물결, 특히 여성의 역할과 소수 인종의 권리에 관련한 운동이 고조되었다.

예언적-비판적 형식의 영성은 세계종교의 안팎에서 모두 뚜렷하게 나타났다. 인도에서 식민 지배 및 빈민들의 상황과 관련해 힌두교도 마하트마 간디가 보여 준 영적 메시지, 태국의 승려 경제학자 프라유드 파유토의 사회비판적 불교, 1944년 유대인 강제수용소에서 죽은 기독교 신학자 디트리히 본회퍼의 나치당에 대한 급진적 저항, 1960년대 중남미의 해방적 영성, 서구 국가들의 페미니스트 영성과 생태 영성, 인권운동의 핵심을 이루는 마틴 루터 킹의 가르침이 이에 해당한다.

• 세속적 영성

네 가지 스타일의 영성은 세계종교와는 별개로 다양한 형태의 세속적 영성으로 나타난다. 그중 금욕적 영성이 가장 흔하게 발견된다. 예를 들어 마음챙김을 위한 비종교적 명상 수행이 절제된 식사 등의 수련법과 함께 시도된다. 자연 자원(열, 빛, 음식)과 관련된 수련에서도 비슷한 문제의식이 다양한 형식의 생태 영성으로 나타난다. 스포츠에서 단순한 훈련을 넘어 영적 전망을 추구하는 사람들은 일종의 금욕주의를 실천한다. 산악등반·스키 등 자연 스포츠의 자기초월성, 스포츠 정신(현대 올림픽 운동이 재등장하면서 'Religio Athletae'로 불렸던 것), 경기 정신의 중요성, 스포츠의 내재적 성스러움, 약물 남용·승부 조작 같은 현대 스포츠의 스캔들에 맞서는 미덕의 추구도 마찬가지다. 신비적 유형은 자연 스포츠에서 추구하는 숭고함이나 현대 과학이 경이로움을 이해하는 자세, 특히 음악이 인간의 정신에 미치는 영향에 대한 접근법 같은 데서 볼 수 있다. 능동적-실용적 유형은 고객에 대한 존대, 직업을 단순히 기법이나 기술의 문제가 아니라 소명으로 바라보는 관심의 전환에서 나타난다. 마지막으로 예언적-비판적 영성은 국제평화와 사회정의, 보건의료, 교육, 건축 및 도시계획, 심지어 정치학이나 경제학 같은 분야에서 인간의 복지와 공공 가치의 전망을 새롭게 하려는 동기로 이뤄지는 영적 토론에서 찾아볼 수 있다.

• 영적 전통이란 무엇인가

종교적 맥락과 세속적 맥락의 경계를 넘나드는 네 가지 유형의 영성과는 별개로, 모든 종교는 일정한 범위의 독특한 영적 운동을 낳았다. 이것은 오랜 영적 전통으로 발전한다. 이러한 영적 전통의 전망과 가치는 때때로 신앙 바깥의 사람들 또는 자신을 종교적이라 생각하지 않는 사람들까지 고무한다. 예를 들어 선불교 이론과 명상 수행은 세계적으로 유명한 미국의 신부이자 작가인 토머스 머튼을 포함해 다양한 기독교 작가들과 수행자들에게 영감을 주었다. 반대로 아시시의 프란치스코 정신은 가난한 사람들과 함께 일하거나 자연에 대한 경애심을 가진 세속의 사람들을 계속 끌어들이고 있다.

영적 전통에서 중요한 것은 무엇일까? 기본적으로 영적 지혜는 기원이 되는 장소와 시간을 넘어 그것을 전달하는 다양한 방법이 발전할 때 전통이 된다. 이런 방법으로는 문학, 핵심적 상징, 은유, 수행법과 수행자들의 공동체 등이 있다. 각 종교 안의 서로 다른 영적 전통은 분명히 자신들을 무슬림, 불자, 기독교도로 구분해 주는 핵심을 공유한다. 하지만 예를 들어 이슬람에는 독특한 신비주의 교단인 수피즘뿐만 아니라 법·의례·수행법이 다른 여러 교단이 있고, 기독교에서는 베네딕트 영성·프란치스코 영성·이냐시오 영성 등과 같은 유명한 영적 전통을 발견할 수 있다. 각각의 전통은 독특한 형식의 지혜와 연관되어 있다.

'영적 전통'이란 단순히 영적 수행법이라기보다 정립된 이론에 가깝다. 그래서 현대의 영적 구도자들이 다른 전통—실제로는 다른 종교—이나 자신들의 전통에서 내려온 수행법(예를 들어 힌두교에서 파생된 요가)을 활용하면서 그 수행법의 배경이 되는 신앙 체계나 영적 이론을 무시할 때는 진정성이라는 흥미로운 문제를 일으킨다. 심리학, 심리치료 같은 전문 분야에서 불교의 윤리적·종교적 배경을 전혀 언급하지 않은 채 '마음챙김 명상'을 권장하는 방식에서 이런 문제를 볼 수 있다.

• 영적 전통의 발전

영적 전통이 그 기원의 맥락을 떠나면 연속적인 발전 단계를 거친다. 서구적 가치가 더는 기독교를 정의하는 중심적인 틀이 아니고 아시아적 가치가 불교를, 중동 문화가 이슬람을 정의하지 못하는 글로벌 사회에서 영적 전통은 새로운 도전에 직면한다. 영적 전통은 어떻게 문화적 다원성의 성장에 대처해야 하며, 적응의 한계가 있다면 그것은 무엇일까? 최근 몇 년간 두 가지 상호보완적인 이론이 등장했다.

첫째, 프랑스의 사회인류학자이자 이슬람 전문가인 올리비에 로이는 컴퓨터 용어인 포르마타주(Formatage, 포매팅)라는 단어를 차용해 종교적·영적 전통, 특히 이슬람이 시간이 지나면서 자신들이 존재하는 새로운 서구 문화의 일반적인 규범에 맞추기 위해 어떻게 전통을 점진적으로 '재조정(리포맷)'하는지 분석한다. '리포맷'은 풀뿌리 신자들이 주도권을 쥐게 될 때 종종 '아래로부터' 일어난다. 이러한 현상은 때로 불편한 방식으로 기성의 위계적 권위에 도전한다. 어느 쪽이든 과거와의 연속성은 있지만 종교적·영적 전통을 실천하는 방법은 미묘하게 변한다.

둘째, 기독교 맥락에서 볼 때 유럽과 북미 이외의 문화권은 이제 다른 지역으로부터 전해진 기독교의 수동적 수용자가 아니라 기독교 전통의 해석자이자 전달자로서 적절한 위치를 갖기를 요구한다. 결과적으로 영적 전통을 정의하는 것의 '정치'는 더욱 복잡해진다. 페루의 신학자이자 작가인 구스타보 구티에레즈는 그의 고전 저서《우리의 우물에서 생수를 마시련다》에서 영적 전통의 교류와 전승에 대한 새로운 접근 방식의 윤곽을 보여 준다. 그는 '토착화'로의 이행을 권장한다. 즉, 영성은 완전히 새로운 환경에 놓이면 지속적으로 지역에 맞게 '재탄생'한다. 이러한 관점은 특히 아메리카 대륙의 스페인어권 사상가들 사이에서 '전통화하기(Traditioning)'로 알려진 새로운 해석 학파를 탄생시켰다.

• 영적 전통의 생애주기

모든 영적 전통에는 생애주기가 있다. 새로운 전통은 당대의 문제에 대한 반응으로 특별한 맥락에서 탄생하며 종종 특출한 영적 스승이 나타나 발전시킨다. 우리는 이미 13세기 프란치스코회 운동이 어떻게 신도시에 사는 사람들의 영적 굶주림에 대응했으며 부상하는 상인계급의 물질주의에 도전했는지 알고 있다. 영적 전통이 처음 출현하는 단계는 그 구조가 아직 확실하게 정의되지 않았기 때문에 유동성의 시기이다. 다음 단계는 유지 관리 또는 안정성의 시기이다. 초기의 유동성이 사라지면서 명확한 원리와 수행 방법이 마련되고 전통을 '고정'하는 특정한 방식이 문서로 기록된다. 전통은 선택된 방향을 따르고 그 추종자들은 진정성 혹은 정통성에 대한 질문을 방어한다. 마지막으로 영적 전통이 정체되기 시작하는 시기가 온다. 이때부터는 핵심적인 영적 지혜보다 구조가 더 중요해진다. 이것은 '노쇠 단계'라고 할 수 있다. 두 가지 길이 가능하다. 전통의 추종자들은 변화에 저항하면서 새로운 사회적·문화적 현실을 회피한다. 궁극적으로 이런 길은 소멸로 이어진다. 그게 아니라면, 전통은 새로운 도전에 대응해 스스로 혁신하고 원래의 유연성을 되찾는다.

• 영적 수행

네 가지 유형의 영성과 그에 따른 영적 전통은 특정한 이론이나 가치와 연계되는 한편, 특별한 방식의 수행을 권장한다. 영적 수행은 영적 발달을 돕는 규칙적이고 훈련된 활동이다. 그것은 특별한 영적 전망을 표현하는 동시에 의도적인 행위의 틀을 통해 그 전망을 공고히 하는 방식이다. 영적 수행은 사람들이 삶의 궁극적인 목표로 삼는 무언가를 향해 나아갈 수 있게 해 준다. 그러나 영적 수행을 실천하는 일은 쉽지도 편안하지도 않다. 훈련을 위해 즉각적인 즐거움을 가져다주는 활동에 쓸 시간과 에너지를 양보한다는 점에서 영적 수행에는 어느 정도 자기희생이 필요하다.

종교 의례[예를 들어 일부 전통의 세신례(Ritual Washing)]나 신을 찬양하는 공적 의례 이외에도 다양한 종류의 영적 수행 활동이 있다. 가장 흔한 것은 단식, 육식과 성행위의 금욕 같은 육체적 훈육과 더불어 여러 형식의 명상이다. 어떤 종류의 신체 훈련은 영적인 것으로 보이지 않지만 그 행위를 뒷받침하는 동기 때문에 영적인 것이 된다. 예를 들어 단식처럼 음식과 관련된 수행은 체중 감량을 위한 다이어트가 될 수 있고, 채식은 동물복지라는 동기에서 비롯되기도 한다. 하지만 이런 두 가지 활동은 영적으로 오염된 것으로 여겨지는 음식을 피하고 물질적 쾌락에서 벗어나거나 자아를 부정하는 형식을 지향할 때 영적 수행이 된다.

명상과 관상의 스타일은 매우 다양하다. 어떤 경우는 정지 자세를 취한 채 산만한 마음을 비우고 평화로움과 주의력을 키움으로써 내적·외적 고요함을 얻는다. 선 수행에서는 '공안(公案)'이라는 역설적이고 풀리지 않는 문제에 대한 명상을 통해 같은 목표에 도달한다. 집중력에 도움이 되는 자세 외에도 요가, 태극권, 특별한 무술, (미로를 따라가는) 걷기 명상, 수피즘 데르비시의 소용돌이 춤 등 여러 가지 명상 형식의 신체 활동이 있다. 힌두교의 만트라나 동방정교회의 예수 이름 부르기 등은 종교적, 정서적으로 충만한 단어나 구절에 초점을 맞춘 형식이다. 이콘(Icon)이나 만다라(Mandala)와 같은 시각적 이미지에 집중하는 신자들도 있다. 기도문으로 경전을 낭독

하는 것은 다양한 영적 전통에서 나타난다. 성경의 일화 속으로 들어가는 방식으로서 시각화(Visualization)는 오랜 역사를 지닌 서구 기독교의 명상 형식이다. 힌두교나 불교의 전통, 서구 기독교의 전례나 묵주기도처럼 리듬에 맞춰 단어를 반복하는 형식의 명상도 있다. 뚜렷하게 종교와 연관이 없는 명상 형식도 있다. 예를 들어 어떤 사람들은 풍경이나 바다의 파도 소리와 리듬에 집중하는 자연 명상을 한다. 특정한 종류의 음악을 듣거나 예술 작품 앞에 앉아 있거나 촛불을 바라보기도 한다.

영적 수행의 모든 사례를 나열하는 것은 불가능하지만, 세상에는 다양한 예술적 수행(예를 들어 영적 활동으로서의 그림 그리기, 조각하기, 도자기 만들기, 작곡, 시 쓰기)이 있으며 고독하게 은둔하거나 종교적 성소 혹은 영적인 힘이 느껴지는 장소로 순례를 떠나는 사람도 있다.

이 장에서 설명한 각 유형의 영성은 특정한 스타일의 영적 수행을 선택하거나 혹은 공통의 수행을 실천하면서 특정한 동기에 집중하는 경향이 있다. 능동적-실용적 유형과 예언적-비판적 유형은 일상 활동에 영적인 방식으로 접근한다. 예를 들어 유대교 영성은 가정생활을 영적인 것으로 보고 안식일이나 유월절의 공동 식사를 중요시한다. 기독교 전통 가운데 이냐시오 영성은 일상생활을 영적 운동으로 바꾸고자 하며, 몇몇 종교에서 나타나는 다양한 형식의 해방 영성은 가난한 이들과의 협력, 평화와 화해를 위한 활동, 사회정의를 위한 참여를 단순히 정치적인 문제라기보다 영적인 문제로 바라본다.

• 성인과 현자

여러 가지 영적 수행의 하나로 나는 앞에서 순례를 언급했다. 순례는 거룩한 삶이나 영적 가르침으로 존경받는 종교적 인물의 무덤 혹은 사당을 향한 여정이다. 이에 대한 자세한 내용은 마지막 장에서 다룰 예정이다. 종교 바깥의 세속적 영성에서도 가치와 전망, 영적 수행을 상징하는 인물로 숭앙받는 현자와 성인들이 있다.

많은 종교에서 비슷한 개념을 사용하지만, 엄격한 의미에서 '성인(Saint)'은 기독교 용어이다. 기독교 전통에서는 죽음을 넘어 신과 마침내 하나가 되는 모든 사람을 성인이라고 정의한다. 개신교의 일부 교파는 신약성서를 언급하면서 모든 신자가 예수 그리스도에 의해 구원받은 신분이므로 '성인'이라고 말한다. 로마 가톨릭교회와 동방정교회에는 공식적으로 성인으로 인정받는 과정이 있으며 교회력에 따라 축일이 주어진다. 성공회 일부와 루터 교회도 마찬가지다. 성인을 인정하더라도 교파에 따라 성인에게 하느님과의 중재를 요청하는 것이 적절한지를 놓고 이견을 보이지만, 성인을 살아 있는 자들과 지속적인 관계를 맺는 존재로 보기는 마찬가지다.

일반적으로 모든 종교에서 성인은 어떤 성격으로 인해 특별히 예외적으로 성스러운 사람이다. 이들은 다음 중 하나 이상의 조건을 갖추고 있다. 신의 질서에서 나오는 영적 지혜를 가르침(때로는 신비로운 현시에 기반함), 경이로운 일을 행함(치유의 기적이 대표적), 절실히 필요할 때 인간과 신을 강력히 중재함, 가난한 이들을 섬기는 문제에서 신적 질서에 기초한 이타적 행동을 함, 물질적 부 또는 사회적 지위에 매우 초연함. 무엇보다 성인은 영적 삶에 대한 진지한 헌신의 본보기 또는 모델이다. 이러한 형태는 기독교 이외의 종교에서도 널리 찾아볼 수 있다.

이슬람에는 기독교에서 숭앙받는 성인과 매우 유사한 왈리(Wali)라는 범주가 있다. 정통 이슬람은 그러한 모범적인 여성과 남성을 위대한 예언자들, 특히 예언자 무함마드와 같은 차원으로 승격시키는 데 신중하다. 그러나 다양한 수피 교단에서 중요한 '성인들'은 정화를 향한 영적 경로에서 신자들의 훌륭한 본보기로 존경받는다. 여러 나라, 예를 들어 모로코 마라케시에는 수피 성인들의 무덤 성지가 있다. 축일에 정해진 의례를 행하고 성지순례를 하며 성인들에게 신과의 중재를 요청하는 전통, 심지어 성인이 일으킨 기적의 기록도 있다.

유대교에는 고도의 윤리적 행동을 추구하는 랍비 사상, 신비주의를 가진 카발라 사상, 이 두 가지가 혼합된 하시디즘 유대교에서 특징적으로 나타나는 '올바른 이(Tzadik, 짜딕)'라는 범주가 있다. 어떤 경우이든 짜딕이란 명칭은 인간 본연의 애착이나 유혹에서 해방되어 하느님의 사랑 쪽으로 명백히 기울어진 사람을 의미한다.

비록 공식적인 절차는 없지만 힌두교에서는 특정한 개인을 성인으로 인정한다. 마하트마(Mahatma), 스와미(Swami), 접두어 스리(Sri) 등 다양한 명칭을 심지어 살아 있는 성인에게도 붙인다. 산스크리트어로 '진리'를 뜻하는 '산트(Sant)'는 '진리를 아는 사람'이라는 뜻으로, 중간 정도의 성인들에게 사용한다. 성인의 특징은 세상을 섬기는 일에 사심 없이 봉사함, 강렬하거나 황홀한 헌신, 신에 대한 사심 없는 복종, 위대한 영적 지혜와 영적 구도자를 끌어들이는 명성, 생전과 사후에 행하는 기적, 주목할 만한 금욕 등이다.

불교에서 보살은 지혜롭거나 깨달은 사람이며, 감각을 가진 모든 존재에 대한 깊은 자비의 미덕을 가진 사람이다. 이들의 '성인됨'에는 이타심이라는 필수 자질을 포함하는 윤리적 차원이 있다.

앞서 개략적으로 설명한 네 가지 유형의 영성은 서로 다른 거룩함의 차원을 가지며, 각 유형의 핵심적 특성을 드러내는 성스러운 인물을 내세우는 경향이 있다. 예를 들어 금욕적 유형의 성인은 수도원 생활—적어도 훈육과 자기부정(Self-Denial)이라는 수도의 미덕—과 관련이 있다. 힌두교의 다양한 금욕적 유형(극단적인 힌두교 수행자인 사두와 가장의 의무를 벗어나 삶의 네 번째 단계인 사냐사로 들어가는 보통 사람들), 붓다의 삶, 예언자 무함마드의 규칙적인 금식과 단순한 삶에 대한 가르침, 기독교 '수도원주의의 아버지'인 이집트의 은수사(隱修士) 안토니우스 등이 여기에 속한다.

신비적 유형은 신이나 절대자와의 즉각적인 대면이나 계시, 깨달음과 관련이 있다. 다른 특징이 존재할 수도 있지만, 뛰어난 영적 통찰력과 가르침을 통해 신성한 존재와의 특별한 관계를 드러내는 성인이 가장 존경받는다. 유명한 사례로는 선불교의 승려 도겐(道元), 수피 알 가잘리(Al-Ghazali), 영국 노리치의 여성 신비주의자인 줄리안(Julian) 등이 있다.

능동적-실용적 유형은 특별한 생활방식을 택하기보다 일상생활의 과정과 도전 속에서 신이나 절대자를 만나고 대응하는 데 중점을 둔다. 다른 사람을 이타적으로 섬길 것을 권장하기도 한다. 이러한 유형은 기독교에서, 특히 최근 몇 세기 동안 더욱 두드러졌다. 대표적인 인물로는 19세기 후반 활발히 사회운동을 전개한 라마크리슈나 교단의 창립자 스와미 비베카난다, 7세기 일본의 선승인 도쇼(道昭)와 교우키(行基), 《영신 수련(Spiritual Exercises)》이라는 유명한 책의 저자인 이그나티우스 로욜라, 영적 원리에 따라 박애주의적이고 사회적인 활동을 우선시하는 다양한 퀘이커 교도들이 있다.

마지막으로 예언적-비판적 유형의 영성은 20세기 동안 사회 및 정치의 변화를 추구하는 과정에서 영적 차원이 필요하다는 인식이 생기면서 주목받게 되었다. 비교적 최근의 유형이기 때문에 명확히 확립된 본보기와 '성인들'에 대해 이야기하기는 너무 이르다. 또한 전통 종교의 입장에서 언제나 공감하며 받아들이지는 않는 논쟁적 유형이기도 하다. 하지만 해방신학으로 알려진 접근법과 그에 연관된 영성은 종교 바깥에서도 숭앙받는 엘살바도르의 살해된 대주교 오스카 로메로와 같은 성인을 낳았다. 참여불교(Engaged Buddhism)에는 베트남의 틱낫한 선사 같은 인물이 있다. 사회적, 정치적으로 비판적인 힌두교는 비노바 바베 같은 인물을 본보기로 삼는다. 이란의 마지막 왕조에서 가장 상징적이면서 논란이 됐던 정치 활동가 알리 샤리아티는 때로 마르크스주의자에 불과하다고 평가받기도 했지만 그의 행동은 무슬림 신앙, 특히 시아파 이슬람에 대한 자신의 해석에 바탕을 두고 있다.

지금까지 살펴본 것처럼 모든 종교에 걸쳐 성인 또는 본보기라는 개념은 어떤 핵심적이고 지속적인 특징을 가지고 있는 반면, 거기에는 성인됨의 '정치'라고 부를 만한 측면도 있다. 거룩함에 대한 인식은 사회적, 문화적으로 서로 다른 가치를 반영한다. 흥미롭게도 18세기까지 기독교에서 이뤄진 거룩함의 개념에 관한 연구를 보면 엘리트 계급을 선호하는 비율이 3 대 1로 높았다. 영적 고귀함과 사회적 고귀함은 종종 동일시되었다. 대체로 종교에서는 자기희생을 받아들이고 세속적인 지위를 멀리하는 사람을 성인으로 이해하기 때문에, 사회적 지위가 낮은 가난한 사람보다 귀족 출신 성인이 자신의 높은 지위와 부를 포기하는 행위가 훨씬 돋보인다. 그래서 사람들은 '부자에서 가난뱅이로, 다시 영적 부자로'라는 이야기를 선호해 왔다. 이러한 패턴은 과거에 고타마 싯다르타 왕자였던 붓다의 전설적 삶을 보면 알 수 있다. 종교 전반에 걸쳐 유사한 '성인됨'의 사회학에서는 여성과 남성의 불균형 역시 드러난다. 이는 최근까지 대부분 문화에서 여성의 지위가 남성에 비해 낮았기 때문이다. 예를 들어 20세기 이전에는 기독교 성인의 87%가 남성이었다. 그래서 일부 학자들은 성인의 개념에 이원론이 있다고 주장해 왔다. 여성은 성스러운 사람이 해방되어야 할 육체성과 신체를 상징했다. 이러한 이원론적 관점에 따르면 성스러운 남성은 단지 자신의 육체에서만 탈출하면 되지만, 현실의 여성은 자기 자신으로부터 탈출해야 하는 훨씬 어려운 과제에 직면한다.

• 세속적 성인

'세속적 성인'이라는 개념은 최근 들어 점점 더 보편화되고 있다. '세속적 성인'은 패션계, 스포츠계, 영화계의 상징적인 인물이상이다. 이 용어는 종교인이든 아니든 대의를 위해 이타적으로 행동하거나 영감을 주는 삶으로 존경받는 사람을 가리킨다. 전부는 아니지만, 일부 세속적 성인은 현자이자 현명한 스승이 된다. 현자는 사람들을 더 좋은 삶으로 이끄는 능력과 함께 위대한 지혜를 가졌다고 여겨지는 사람이다. 마찬가지로 어떤 예술가, 음악가, 문학가(특히 시인)는 초월적이거나 최고의 인간적 미덕을 불러일으키는 능력 덕분에 때로 '현자'의 지위를 받는다.

지난 세기에 세속적 성인으로 가장 분명한 본보기가 된 인물은 인도 독립운동의 뛰어난 지도자인 모한다스 간디였다. 그는 영국 식민통치에 대한 대규모 저항을 부추겼지만, 그의 철학은 엄격히 비폭력에 기반을 두고 있었다. 간디는 종종 산스크리트어 '위대한 영혼'에서 비롯된 존칭인 '마하트마'로 불린다. 그의 생일인 10월 2일은 인도의 국경일로, 종교적 성인들의 기념일과 비슷한 비종교적 '축일'이다. 다른 세속적 성인으로는 다음과 같은 이들이 있다. 시슬리 손더스는 전 세계 호스피스 운동의 창시자이자 완화치료의 전체론적 성격을 제시한 뛰어난 사상가였다. 마틴 루터 킹 주니어는 미국 인권운동을 주도한 인물이자 간디의 비폭력주의 후계자였다. 다그 함마르셸드는 유엔 사무총장, 노벨 평화상 수상자로서 자신의 유명한 저서 《흔적들(Markings)》에서 분명히 드러나듯 영적 깊이를 지닌 인물이었다.

때로 세속적 성인의 지위는 이른 죽음, 나아가 대의를 위한 희생과 연관이 있다. 마하트마 간디와 마틴 루터 킹은 암살당했고, 다그 함마르셸드는 비행기 사고로 인해 비극적인 죽음을 맞았다. 수많은 이름 없는 영웅들 역시 때로는 세속적 성인으로 취급된다. 2001년 9·11 테러 공격 이후 다른 사람들을 돕다가 사망한 뉴욕 소방관과 경찰들, 21세기 초반 이라크나 아프가니스탄에서 전쟁과 평화유지 활동을 하다가 죽은 병사들의 영웅주의와 자기희생을 기리기 위한 전쟁 영웅 운동 등이 그 사례이다. 각 지역의 전쟁기념관, 프랑스 북부의 제1차 세계대전 공동묘지, 런던 웨스트민스터 사원에 있는 무명 전사의 묘지는 비종교적인 순례지가 되었다. 이러한 기념관들은 전쟁이나 폭력을 미화하는 것과는 거리가 멀다. 그보다는 인간의 가장 훌륭하고 이타적인 자질을 기리고 권장한다.

• 결론

지금까지 영성과 현자 및 성인의 다양한 유형을 탐구했다. 이어서 다음의 세 장에서는 영성에 대한 핵심적 접근법으로서 '영성과 경험', '삶의 방식으로서의 영성', '사회의 영성'을 차례로 살펴본다.

"영적 수행에는 어느 정도 자기희생이 필요하다."

3장 영성과 경험

'영성'이라는 용어는 신비하든 아니든 경험과 자주 연관된다. 경험과 상상력이 영성의 중심을 이루는 중요한 분야가 예술이다. 음악은 때로 프로이트와 같은 심리학자들이 외부 세계와의 '광대한 연결'이라고 불렀던 감각을 일으킨다. 마찬가지로 등반이나 북극 스키 트레킹과 같은 자연 스포츠를 추구하는 사람들은 영성과 강렬한 경험 사이의 연관성을 느낀다. 천체물리학 및 우주론과 관련된 현대의 과학적 접근법에도 자기초월적인 경이로움이 존재한다.

유일신 종교에서는 신과의 직접적인 대면을 신비로운 경험으로 해석한다. 불교와 같은 비유일신 종교에서의 영적 경험은 의식의 변화이다. 구조를 갖춘 종교의 바깥에서는 명상이나 요가처럼 대중적인 수행을 통한 변화의 경험이 강조된다. 즉 수행의 목적은 더욱 깊은 정신집중, 삶에 대한 깊은 인식, 내면의 치유이다.

이번 장에서는 우리가 분류한 영성의 유형 가운데 여러 종교와 비의적 영성에 나타난 신비적 유형에 대해 먼저 살펴본다. 이는 신비주의가 그만큼 넓고 논쟁적인 영역이기 때문이다. 그런 다음 영성과 예술의 관계, 자연의 추구에서 영적 경험의 자리, 마지막으로 현대 과학의 발전이 때로는 어떻게 영적 응답을 끌어내는지에 대해 윤곽을 그려 볼 것이다.

• 신비주의

기독교에서 '신비신학'은 초기부터 존재했지만, '신비주의'의 현대적 개념은 17세기 프랑스어에서 처음 나타났으며 점차 영어로 넘어갔다. 현대 심리학의 탄생, 특히 윌리엄 제임스의 영향력 있는 저서인 《종교적 경험의 다양성》에 힘입어 20세기 초에는 경험을 더욱 확고히 강조하게 되었다. 수많은 종교, 철학, 역사 문헌이 있음에도 신비주의는 정확하게 정의하기 어렵기로 악명이 높다. 대체로는 그것이 신이든 아니든, 어떤 궁극적 실재와의 즉각적 대면 혹은 그에 대한 깊은 인식을 의미한다. 어떤 접근법은 신비적 경험에서 인간과 신적 존재 사이의 구분이 증발하거나 환상으로 밝혀진다고 주장한다. 다른 접근법은 개인의 자아가 파괴되거나 흡수되지 않으면서 신과의 '합일'을 이룬다고 말한다.

오늘날 윌리엄 제임스의 가정은 널리 비판받는다. 스티븐 카츠는 철학이 신비주의에 대응해야 한다고 주장하면서 신비주의자들이 신 혹은 궁극적 실재를 전의식적, 무매개적으로 경험할 수 없다고 단언한다. 그러면서 신비적 경험이 모든 종교에서 근본적으로 동일하며, 신비주의자들은 그런 경험을 한 이후 자신들에게 익숙한 종교의 언어로 묘사할 뿐이라는 제임스의 주장에 의문을 제기한다. 실제로 우리의 경험은 해석과 절대로 분리될 수 없다. 따라서 신비주의자들의 경험은 그런 경험이 일어나는 경계를 설정해 주는 그들의 배경 신앙에 따라 미리 형성된다.

일부 영적 전통은 신비주의를 눈에 보이든 안 보이든 신성한 진리의 계시로 여긴다. 의식의 변화, 새로운 종류의 지식에 인도되는 것으로 해석하는 전통도 있다. 또 다른 경우, 신비주의는 주로 강렬한 사랑의 경험이다. 결국 신비적 방식은 모든 세계종교에 존재하지만 각 종교 안에서 종속적인 요소로 취급되는 경향이 있다. 실제로 신비주의는 기성 구조나 교리, 권위의 '정통성'을 우회하는 직접적 형식의 영감을 강조하는 것처럼 보이기 때문에 종교 지도자들의 의심을 받기도 한다.

유대교

유대교 신비주의의 기본은 일상적인 종교 생활과 믿음이다. 삶은 물질적 세계 이상의 것과 관계되며 그 '이상'이 인격신으로 이해된다. 하느님은 모든 것을 창조했고, 하느님과 교감하는 영적 차원(영혼)을 가졌다고 이해되는 인간(특히 유대 민족)과 언약 관계를 맺었다. 하지만 신과 인간은 항상 구별된다. 언약 관계는 유대인의 할례 관습과 하느님의 선물인 토라(율법)로 표현된다.

가장 잘 알려진 형식의 유대교 신비주의는 카발라인데, 이것을 이후 서구의 혼합주의적 형식과 혼동해서는 안 된다. 카발라는 영원하고 신비로운 신과 우리의 유한한 삶 사이의 관계를 설명하는 가르침의 집합이다. 카발라 신비신학은 인식되지 않는 것과 감각되지 않는 것이 실제로 진정한 실재라고 가르친다. 이런 가르침들은 성서, 후기 유대교 랍비의 문헌, 유대교 관습이 가진 내적 의미를 설명해 준다. 그래서 카발라는 토라 그리고 하느님 뜻의 가장 완벽한 표현이자 인류와 신을 이어주는 가장 완벽한 수단인 십계명의 준수를 기본으로 삼는다.

유대교 카발라는 토라에 대한 깊은 인식을 추구한다. 공동 의례, 윤리적 행동, 신비로운 경험 사이에는 밀접한 관계가 있다. 카발라 교리의 중심은 인간의 행동과 세피로트(Sefiroth)[19]로 알려진 신성의 유출 사이의 관계이다. 모든 세피로트는 윤리적 상대항을 갖는다. 따라서 윤리적 행동의 완벽함은 신성의 유출과 관계를 맺는 길이 된다. (나무 모양의) 세피로트에는 열 개의 가지가 있다. 윤리적 행위, 의례와 더불어 기도는 인간의 영혼이 하느님이 주신 '이름들'의 진정한 의미를 인식하도록 고양시킨다. 신비주의자의 궁극적인 상태(Devekuth)는 '신에게 매달리는 것'이다. 그렇지만 이러한 매달림의 이미지는 신과 인간의 명확한 구분을 유지한다. 궁극의 신비적 상태는 함몰이 아니라 영원한 신이 근본적으로 신비롭게 남아 있는 상태에서 친밀한 사랑을 경험하는 것이다.

윤리적 차원이 강한 유대교의 또 다른 신비적 형식은 하시디즘이다. 이것은 18세기 동유럽에서 시작되었고, 이스라엘 벤 엘리에제르(또는 바알 셈 토브)의 가르침과 관련이 있다. 하시디즘은 당시 유대교 내에서 다소 합리주의적인 신학 양식을 채택하려는 경향에 대한 영적 반응이었다. 이것은 모든 인간과 만물에 내재하는 하느님의 직접적인 사랑을 강조한다. 따라서 일상 활동과 모든 인간의 상호작용은 잠재적으로 신과의 상호작용이다.

기독교

기독교에서 신비주의는 경험뿐만 아니라 언어와도 관련이 있다. 기독교 신비주의는 신에 대한 관습적 정의가 적절한지에 의문을 제기한다. 중세의 위대한 신비주의 작가인 마이스터 에크하르트는 어거스틴의 다음 말을 인용해 하느님에 대해 말하곤 했다. '만약 내가 그에 대해 말했다면, 나는 말하지 않았을 것이다. 그에 대해 말할 수 없기 때문이다.'

기독교 신비주의자들은 특별히 강렬하게 신앙을 품고 실천하는 사람들로 이해된다. 위대한 신비주의 작가들은 자신들이 변화된 의식 상태보다는 삶의 방식에 관심이 있다고 주장한다. 2세기 무렵, 기독교인들은 보이지 않는 것을 의미하는 그리스어 형용사 'Mystikos'를 자신들의 삶에 숨겨진 현실을 의미하는 말로 채택했다. 이 말은 주로 성서와 기독교 의례의 영적 의미나 내적 힘을 가리켰다. 그 후 3세기에 신학자 오리겐은 성경을 읽는 영적 접근법을 통해 기독교인들이 죄로부터 정화되고, 단순히 하느님의 사랑으로 침잠하는 것이 아니라 사랑의 하느님과 일치되는 방식의 프로그램을 개발했다. 6세기 초엽 '위(僞) 디오니시우스'로 알려진 익명의 시리아 수도사는 궁극의 신비인 신과 관련된 지식의 종류를 가리키기 위해 '신비신학'이라는 용어를 만들었다. 이런 초기 전통에서 신비주의는 모든 기독교인 삶의 한 차원을 이루었다.

기독교 작가들은 신비주의의 핵심을 신과의 '합일'로 표현하곤 하지만, 그럼에도 기독교 신비주의는 신과 인간을 분명히 구분한다. 하지만 어떤 신비주의적 언어들은 모호하다. 예를 들어 에크하르트는 그의 독일어 설교에서 인간과 신의 신비한 일체성이라는 과감한 주장을 하다가 이단이라는 의심을 받았다. 하지만 그는 자신이 하느님 너머의 하느님이라 불렀던 궁극의 신비와 인간 사이에는 절대적 심연이 있다고 말했다.

12세기 이후 몇몇 서양 신비주의자의 글에서는 신과의 '합일'을 영적 결혼으로 묘사한다. 동방정교회의 중요한 신비적 접근법인 '헤시카즘(Hesychasm)'[20]은 (고요함을 추구하는 그리스 전통에 기반해서) 내면의 고요함을 얻는 보조 수단으로서 '예수

기도'로 알려진 관상 수련법을 만들었다. 겉으로는 규칙적인 호흡에 따라 예수의 이름을 반복하는 것처럼 보이지만 더 깊은 차원에서는 숙련된 인도가 필요하다.

마지막으로 기독교 신비주의는 유대교 신비주의처럼 깊은 윤리적 의미를 갖는다. 이블린 언더힐은 고전이 된 저서《신비주의》에서 타인에 대한 사심 없는 섬김이 기독교 신비주의의 특징이라고 말한다. 이러한 이유로 그는 14세기 플랑드르 신부 얀 뤼스브룩을 가장 위대한 신비주의자 중 한 사람으로 묘사한다. 뤼스브룩은《영적 결혼(Spiritual Espousals)》에서 관상적 내향에만 몰두한 채 자선이나 윤리를 무시하는 사람들이 모든 이들 가운데 가장 사악하다고 분명하게 밝혔다.

이슬람

세 번째 아브라함 종교인 이슬람은 수피즘으로 알려진 유명한 신비주의 전통을 낳았다. 수피즘 신봉자들은 이를 이슬람의 내적 핵심과 연결되는 내면화라고 단순하게 정의한다. 수피즘은 다음 이유로 무함마드에서 비롯됐다고 여겨진다. 첫째, 신비적 통찰력은 쿠란의 끊임없는 암송과 명상에서 나온다. 둘째, 수피즘은 무함마드가 신과 맺었던 강렬한 유대를 엄격히 모방한다. 마지막으로 수피즘의 가르침은 실제로 무함마드가 신성함을 알아차리는 능력을 갖춘 이들에게 구두로 전달했다고 알려져 있다.

수피즘에서 영적 구도자는 영적 인도를 받는 일이 매우 중요할 뿐만 아니라, 이것이 무함마드로부터 시작된 영적 스승의 계보를 통해 전해지는 진정한 지혜를 보장하는 것이기에 반드시 스승을 찾아야 한다. 초기 기독교의 사막 금욕주의와 비슷하게 진지한 구도자는 스승 곁에서 일정 기간 생활한다. 이슬람 신비주의자들의 가르침은 초기 사막 수도승들의 격언과 양식이 비슷하다. 이러한 격언은 단순한 경험에 관한 것이 아니라 이슬람 신학의 두 가지 핵심인 타우히드(Tawhid, 신의 통일성)와 디크르(Dhikr, 신의 이름을 기억하고 부름)에 바탕을 둔다. 지성적 지식보다는 스승과 제자 사이에서 이뤄지는 경험적 훈련이 깊은 신비에 이르는 비결이다.

수피즘의 목적은 신이 아닌 모든 것으로부터 인간의 마음을 거둬들이는 것이다. 구도자는 하느님 앞에 나아가 내면을 정화하는 것을 추구한다. 모든 사람은 잠재적으로 알라와의 황홀한 합일(Fana)을 이룰 수 있는 능력이 있다. 수피즘은 또한 하느님의 사랑에 초점을 맞춘 헌신의 시, 지크르(Zhikr) 춤을 추고 콰왈리(Quawwali) 노래를 부르는 음악가들을 통해 쿠란의 가르침을 증폭시키는 문학적 전통이 있다. 페르시아의 유명한 신비 시인 루미는 단어 자체가 갖는 창조력을 믿었다. 그래서 그는 자신이 말할 때면 일부 비무슬림조차 황홀경에 빠졌다고 기록했다. 루미가 언급했듯이 단어 자체가 '사랑하는 이(하느님)와 그를 찾는 이의 향기'를 불러일으켰다.

중세 초기 수피즘은 메블레비 교단의 데르비시들처럼 헌신적 '교단'을 탄생시켰다. 이런 교단들은 시간이 흐르면서 창립 당시 스승들의 관점을 반영한 여러 헌신적 전통을 낳았다. 수피 교단들에 대해서는 4장에서 좀 더 다룰 예정이다.

수피즘의 영적 수행은 다섯 번의 기도, 단식 그리고 무함마드의 삶으로부터 나온 기타 여러 가지 수행 규범을 엄격하게 준수한다. 이러한 수행은 원래 목적이 아니었음에도 때로 황홀경으로 이어진다. 명상(Muraqaba) 수행 방법은 다양하다. 그중 하나는 모든 육체적 감각을 집중시킨 다음 정신과 마음에 가득한 모든 선입견을 잠재우고, 마지막으로 모든 의식을 신에게 집중하는 것이다. 그리고 '신이시여, 당신은 나의 목표이고 당신의 즐거움이 내가 추구하는 그것입니다'라는 문구를 세 번 낭송한다. 이어 마음을 신의 이름, 알라에 집중하고 모든 곳에 임재하는 신을 의식하는 상태에 머무른다. 어떤 전통은 호흡에 맞춰 하느님을 반복적으로 부른다. 이런 수피 수행이 중세 스페인의 기독교 신비주의자들에게 영향을 끼쳤다는 주장도 있다.

힌두교

힌두교는 다양성이 매우 큰 종교이다. 그러나 공통적인 주제는 개별적인 인간 영혼과 물질 창조의 원천인 보편적 영혼(브라흐만)의 관계이다. 이 주제는 기원전 5세기경에 쓰인 베다의 마지막 부 우파니샤드(베단타)에 명시되어 있다. 베단타는 베다 철학의 내면적 가르침을 추구한다.

우파니샤드는 세 가지의 상호 관련된 신앙을 담고 있다. '우리의 현존재는 고유한 게 아니다', '우리는 전생의 도덕적 자질에 따라 결정되는 방식으로 여러 번 육체를 얻어 다시 태어난다', '인간은 이런 윤회에서 벗어나고자 한다'이다. 우파니샤드 신비주의의 핵심은 이러한 해방 그리고 보편적 힘인 브라흐만과의 진정한 합일에 이르는 것이다. 이것은 궁극적으로 개인과 보편적 브라흐만 사이에는 어떤 구별도 없다는 불이(不二)의 교리이기도 하다.

힌두교에서 가장 널리 읽히는 경전인 바가바드 기타는 아르주나 왕자와 크리슈나(신의 현신) 사이의 대화라는 서사극의 형식을 취한 신비적이고 형이상학적인 문서이다. 바가바드 기타는 잘 살아가는 방법에 대한 실용적 안내서이기도 하다. 크리슈나는 세상에서 행위를 멈추기보다는 자신의 행위가 가져온 결과에 대해 초탈해지는 법을 배우라고 조언한다. 그러한 초탈은 힌두교 신비주의의 핵심 요소이다. 브라흐만에게 모든 일을 맡기면서 세계와 교류하는 이러한 과정은 세속을 완전히 등지는 것의 대안으로서 신을 알아가는 하나의 경로이다.

힌두교의 요가 전통은 명상, 만트라, 신체 자세 등 다양한 방법과 접근법들을 포함하는데, 이 모든 것은 개인이 신성한 존재와 합일하는 기술이다. 카르마(Karma) 요가는 신에게 바치는 독실한 행위와 일을 강조한다. 박티 요가(Bhakti yoga)는 기도, 의례, 주문을 통해 우리의 생각을 신에게 집중시키는 헌신의 경로를 제공한다. 즈나나(Jnana) 요가는 신에 대한 지식의 습득을 강조한다. 크리야(Kriya) 요가는 신에게 더 가까이 다가가는 실용적 기술—자세와 명상의 형식—을 제공한다. 마지막으로 라자(Raja) 요가는 지식과 경험을 모두 얻기 위해 다양한 기술을 결합한다. 크리야 요가의 기술, 특히 하타(Hatha) 요가의 자세는 서양에서 가장 잘 알려져 있다. 하타 요가는 힌두교의 영적 가르침과 별개로 신체 단련의 방법으로 가르치기도 한다.

힌두교 신비주의자들은 모든 종교의 신비주의자들과 마찬가지로 경험 자체를 추구하지 않는다. 그보다는 브라마즈냐나(Brahmajñana, 브라흐만의 지식), 시바-아누바와(Shiva-Anubhava, 시바의 모든 경험) 혹은 사유지야(Sāyujya, 신성한 존재와의 내적 합일)를 추구한다. 신비주의자들은 관찰 가능한 현상 세계 아래에 보다 근원적인 상태의 존재가 있다고 주장한다.

불교

불교 신비주의의 기본은 인격신과의 친밀하고 정답고 충실한 관계의 추구가 아니라 그 배경이 되는 가르침에 있다. 이러한 가르침은 유명한 사성제로 요약될 수 있다. 고통이 만연한 현실, 고통의 원인인 물질적 갈망, 진정한 이해와 적절한 규율로 고통을 극복할 가능성, 마침내 열반의 상태에서 고통의 종식을 목표로 하는 팔정도의 추구가 그것이다.

사성제는 '무아(無我)'라는 불교의 가르침에 따라 세부가 구성된다. 무아란 기독교의 영혼이나 힌두교의 아트만처럼 독립적이고 영원히 실존하는 순수한 본질은 없음을 의미한다. 따라서 열반은 독립된 자아가 세속의 삶을 환영처럼 인식하여 궁극적으로 고통을 소멸하는 것이다. 열반은 초월적인 신과의 만남이 아니라, 모든 분리된 정체성이 사라지면서 자신의 본성을 정확히 숙고하여 궁극적인 평안을 얻는 것이다.

팔정도는 올바른 이해, 갈망에서 자유로운 올바른 생각, 거짓과 중상모략과 악의적인 험담에서 자유로운 올바른 말, 살인과 도둑질과 모든 비행을 피하는 올바른 행위, 잘못된 수단을 사용하지 않는 올바른 삶, 악한 생각으로부터 자신을 정화하려 애쓰는 올바른 노력, 자신의 육체와 정신의 본성을 똑바로 인식하는 올바른 마음가짐, 명상 수행을 통한 올바른 집중으로 구성된다. 요약하면 불교는 도덕적 행위, 집중, 지혜의 결합을 통해 열반에 도달하기를 추구한다.

세속적 현실에서 피할 수 없는 부분이 무상(無常)이기에 신비적 경로의 핵심은 물질적인 것에 대한 집착을 없애는 것이다. 이러한 집착 없음(이욕)은 우리가 진정한 자아를 인식하는 방식과도 관련이 있다. 신비적 경로는 우리를 아집과 이기적 삶에서 멀어지게 한다. 일본의 선 전통에서는 '불성(佛性, 또는 우리가 가진 가장 고귀한 자질)'을 찾는 것이 자아실현의 방법으로서 특별히 명상 수행과 관련이 있다. 깨달음이란 지적인 추리가 아니라 명상과 스스로 부과한 규율, 윤리적 행위를 통해서 온다는 것이 핵심이다. 좌선 수행자들은 자신의 숨결이 들고나는 것을 지켜보거나, 생각이 의식 속에서 일어났다가 사라지는 것을 조용히 관찰하거나, 스승이 내려준 의도적으로 합리적 해결책을 초월한 난제(공안)에 집중한다.

비의적 신비주의

몇몇 비의적 형식의 영적 경험에도 신비주의라는 개념을 적용할 수 있다. 1장에서 살펴본 것처럼 비의주의는 특권적 입회자 집단만이 가진 열쇠 없이는 파악하기 어려운 숨겨진 내면적 삶의 영역을 가리킨다. 장미십자회[21]와 신지학으로 알려진 두 운동은 완전히 비의적이며 강한 신비적 요소를 갖고 있다. 이 두 가지 운동에서 신비적 차원은 '일원론'으로부터 나온다. 즉, 우주 전체가 부분으로 나누기 불가능한 방식으로 상호 연결되어 있다는 믿음을 갖고 있다. 존재하는 모든 것은 하나의 영적인 힘으로 연결된 복합체이다. 19세기 블라바츠키 여사가 창시한 신지학은 종교철학과 비술 지식이 혼합된 것으로, 인도 종교의 신비적 가르침에 대한 서구인들의 관심이 증가한 현상과 관련이 있다. 앞서 살펴본 장미십자회의 기원은 불분명하지만, 중세의 신비적 연금술을 원천으로 나중에 고대 그리스와 드루이드, 영지주의의 신비적 요소가 더해진 것으로 보인다.

• 미학과 예술

신비주의 외에 영성과 경험이 연결되는 두 번째 주요한 분야는 예술이다. 유럽에서 예술과 영성은 오랜 공통의 역사가 있다. 현대에 이르러 영성은 예술의 주제에서 점차 사라지는 것처럼 보였지만, 이에 대해 20세기 독일의 위대한 신학자 칼 라너는 진정으로 영적인 예술이 제도 종교의 바깥에서 나타났다고 주장했다. 예를 들어 그는 프랑스 인상주의 회화에 나타난 '익명의 경건함'을 지적했다. 전반적으로 예술은 경건함을 불러일으키고, 인간 경험의 깊이를 일깨우며, 끊임없이 물질적 경계를 뛰어넘는 능력을 갖고 있다.

1장에서 언급했듯이 예술(음악, 회화, 조각, 연극과 영화, 문학,

무용)의 중심에는 인간의 상상력이 자리 잡고 있다. 이것은 몇몇 종교의 영적 전통에서 특히 두드러진다. 그중 동방정교회의 영성은 강한 미학적 차원이 중심을 이룬다. 특히 이콘의 전통에서 가장 잘 드러나는데, 러시아 미술의 가장 위대한 성취 가운데 하나인 안드레이 루블료프의 유명한 15세기 성화 〈삼위일체〉가 대표적 사례이다. 종교 예술에 대한 풍부한 영적 이해는 정교회 영성의 특징으로 남아 있다. 이때 예술의 역할은 순수하게 미학적이라기보다는 영적이다. 즉, 성화를 신의 권능으로의 통로라고 이해한다. 관객과 성화가 상호작용함으로써 성화가 재현하는 대상—삼위일체, 예수 그리스도, 성모 마리아 또는 다른 성자들—과의 일치를 경험한다는 유사 신비적 이해도 존재한다. 성화가 갖는 영적 힘에 대한 관심은 정교회 집단이나 독실한 신자들을 넘어 널리 확대되어 왔다.

어떤 예술가들은 작품 활동을 삶에 대한 철학과 영적 수행을 실천하는 일로 받아들인다. 넓게 보면, 형식적 종교보다는 다양한 예술을 접함으로써 강렬하고 전환적인 경험을 하는 사람들이 늘고 있다. 빈센트 반 고흐는 예술을 '어둠 속의 한 줄기 빛과 같은' 커다란 갈망으로 표현했다. 20세기 화가 바실리 칸딘스키는 인간 마음속의 어둠에 빛을 보내는 것이 작가의 의무라고 말했다. 그는 특히 루돌프 슈타이너의 비의적 영성을 좋아했으며, 명상과 영적 훈련이 그림 그리는 법을 배우는 데 도움이 된다고 믿었다. 역시 20세기 화가인 피에트 몬드리안은 신지학회에 가입했고, 예술가가 의식하지 못하는 순간에도 예술은 필연적으로 영성을 향해 성장한다고 믿었다. 예술가는 영적인 것과의 직접적이고 의식적인 상호작용이 이루어지는 지점에 도달함으로써 이상적인 작품을 완성한다는 것이다.

강력한 영적 반향을 지닌 또 다른 예술 형식은 건축이다. 영성에 대한 건축의 관심이 점점 커지고 있다. 서유럽의 위대한 중세 성당들이 발산하는 지속적인 매혹이 그 사례이다. 탈종교 시대임에도 이들 성당에는 많은 방문객이 찾아온다. 연구에 따르면 현대의 방문객 대다수는 이 건물들을 단순히 박물관이 아니라 '신성함' 그리고 영적 경험의 감각과 연관 짓는다. 고딕 건축과 예술품의 배경에는 원래 영적 이론이 들어 있다. 대성당 건축은 낙원의 이미지를 상징적으로 환기하고 이를 물질적으로 표현했다. 성당으로 들어가는 것은 광활함과 친밀함이 미묘하게 조합된 공간, 물리적이면서 영적인 문턱, 스테인드글라스를 활용한 빛의 유희가 빚어내는 초월적 영역으로 이동하는 것이다. 대성당 건축은 우주의 축소판 역할을 했다. 이곳은 이상화된 우주적 조화가 눈앞에서 펼쳐지는 유토피아의 공간이었다. 종교적이든 세속적이든 성스러운 공간이 갖는 지속적 역할은 마지막 장에서 간략히 논의될 것이다.

흥미롭게도 풍수(문자 그대로 바람과 물)로 알려진 고대 중국의 미학 체계와 이에 상응하는 후대 힌두교의 바스투 샤스트라(Vastu Shastra)는 서양 건축과 디자인에도 영향을 끼쳤다. 두 체계는 사용자에게 긍정적 에너지가 전달되도록 건물의 방향을 정하는 조화로운 방식을 담고 있다. 풍수는 '하늘의 법칙'을 지상의 현실과 연관시킨다고 여겨진다. 이것은 핵심적인 자연의 구성 요소나 힘을 상서로운 방법으로 정렬하고자 한다. 바스투 샤스트라 또한 땅, 공기, 불, 물, 공간 등 다섯 가지 요소의 정렬을 추구한다. 힌두교 미학 체계에서는 물이 특히 중요해서 락슈미 여신은 전통적으로 물 위의 연꽃에 앉아 있는 모습으로 그려진다. 물은 물질적 안녕과 평화, 고요함과 관련이 있다. 그 결과, 건물과 이어지거나 건물 주변 또는 내부에 활용되는 물의 위치를 정확하고 신중하게 설계했다.

또 다른 예술적 매체인 음악은 모든 세계종교에서 중요한 역할을 한다. 종교 의례에 사용되는 경우가 많지만 음악 자체가 영적 표현이 되기도 한다. 일부 종교음악은 비종교인 가운데도 열광적인 추종자가 있다. 소박한 합창, 특히 수도원 공동체가 합창할 때의 호소력 있는 천상의 소리는 놀랍고 흥미로운 사례이다. 많은 20세기 작곡가들이 공공연히 영적 음악을 추구했다. 독일의 파울 힌데미트와 프랑스의 올리비에 메시앙은 소리가 우리를 우주의 보편적 조화와 연결해 주기 때문에 소리

자체가 영적인 것의 상징이라고 주장했다. 미국의 작곡가 존 케이지는 불교 철학에 바탕을 둔 매우 추상적인 음악을 구사했다. 매우 다른 양식이지만, 대표적인 미니멀리스트 작곡가 아르보 패르트는 서구의 수도원 성가와 정교회의 전례에서 영감을 얻었다.

영성은 또한 모든 형식의 문학 속에 자리 잡고 있다. 영성은 대단히 방대한 주제로서 페르시아의 수피 루미, 벵골의 라빈드라나트 타고르, 영국의 존 던이나 조지 허버트 같은 형이상학 시인들을 비롯해 19세기 영국 예수회원 제라드 맨리 홉킨스, 보다 최근에는 엘리자베스 제닝스와 R.S. 토마스의 종교 시에서 매우 뚜렷하게 보인다. 영성에 대한 관심은 산문에도 나타난다. 예를 들어 플래너리 오코너, 그레이엄 그린, 피터 캐리의 단편과 장편 소설, C.S. 루이스의 동화, J.R.R. 톨킨의 판타지 소설, 특히 《반지의 제왕》이 그 사례이다. 자연의 경이로움은 애니 딜러드의 《자연의 지혜》(작가 자신이 '영적 휘갈김'이라 불렀던 작품)를 가득 채운다. 제2차 세계대전 당시의 독일계 유대인 작가 에티 힐레줌의 강렬한 신비적 일기와 편지도 영어로 번역되면서 20세기 후반 많은 이들의 상상력을 사로잡았다.

최근 수십 년 사이, 영적 경험이 유럽 연극의 극적 요소에 영향을 끼친 것도 눈에 띈다. 연극에 대한 영적 접근에서는 의미를 창출하고 구체화하는 역할이 강조된다. 연극과 영성이라는 주제에 집중한 일부 축제와 저널 기사 외에도 유명 극단들이 등장했다. 예를 들어 뮤직시어터 퀼른은 1990년대 중반부터 불교와 기독교의 신비적 텍스트를 사용해 왔다. 무문관(無門關)에서 나온 선불교 공안이 이곳 음악극의 기본이 되었다. 챔버 오페라 〈라 칸시오네(Las Canciones)〉는 16세기 스페인 신비주의자인 '십자가의 요한'의 시를 원작으로 한 작품으로 인간 영혼이 신에게 항복하는 모습을 가사와 음악으로 표현하고자 했다.

마지막으로 다양한 에세이 모음집인 《예술과 영적인 것(Art and The Spiritual)》에 저자로 참여한 안토니 곰리, 빌 비올라, 데이비드 퍼트넘 등 주요 예술가와 영화감독들은 예술과 영적인 것의 접점에 놓인 핵심 주제를 다룬다. 우연적이고 놀라운 것의 중요성, 천사의 경험(현현하고 도전하는 영적 권능), 주변적-과도기적 장소로서의 예술, 외부 존재와 내면을 매개하는 수단으로서의 스테인드글라스 등이다. 이 책의 공동 저자들은 예술이 갖는 영적 힘은 일상의 물질적 세계와 맺는 관계로부터 생겨나며, 동시에 인류에게 전체성에 대한 영적 감각을 제공하고 우리가 세상을 보는 방식을 변화시킨다고 입을 모은다.

• 영적 체험과 자연 레크리에이션

마지막으로, 인간과 자연의 다양한 교류가 특정한 종류의 강렬한 영적 경험으로 이어지는 방식에 대해 언급하고자 한다. 두 가지 사례로 자연 레크리에이션과 일부 현대 과학을 들 수 있다. 우선 황야 하이킹, 장거리 크로스컨트리 스키, 등산과 같이 고독한 경험을 주는 자연 레크리에이션은 설명하기 힘든 '지복(至福)'이나 광대한 연결의 감각과 연계된 '리미널리티(Liminality, 즉각적인 것과 초월적인 것 경계에 존재하기)'의 개념을 일깨운다. 서구에서는 레크리에이션이나 스포츠가 우선이고 '영적인 것'은 목적이라기보다 단지 부수적인 효과이기 때문에 이런 현상은 더욱 놀랍다. 황야 또는 '야생의 자연'의 재발견은 19세기 북미 낭만주의 운동의 산물로서 헨리 데이비드 소로와 랄프 왈도 에머슨 같은 이들의 글에 등장한다. 여기서 '황야'는 인간의 탐구 범위와 통제를 벗어남으로써 사람들이 계속 경탄하도록 만든다. 등산과 관련된 가벼운 유사 신비적 경험의 기록도 남아 있다. 경험의 강렬함은 등반의 어려움이나 도달한 고도에 비례해 더욱 커진다. 따라서 에베레스트산의 등반은 문자적으로나 은유적으로나 '세계의 꼭대기에 서는' 경험이 된다. 1924년 에베레스트 정상 근처에서 샌디 어빈과 함께 실종된 위대한 등반가 조지 말로리에게 산은 예지와 신비를 간직한 모든 것의 상징이었다.

• 영성과 현대 과학

레크리에이션보다 더 놀랍게도, 현대 과학은 자연과 관련된 영성의 계발에서 또 다른 맥락을 제공한다. 이것이 놀라운 이유는 역사적으로 과학은 상상력보다 인간 이성의 능력 그리고 지식의 기초로서 경험적 데이터의 축적을 강조해 왔기 때문이다. 점점 더 특별하고 신비로운 모습으로 조금씩 드러나는 자연과 우주의 경이로움이 초월적 실재를 위한 여지를 남기는지 여부를 놓고 저명한 과학자들 사이에서도 견해가 갈린다.

어느 쪽이든 자연의 짜임새에 대한 점점 더 상세해지는 지식—무수한 형식의 생명, 매혹적인 진화적 발전의 패턴, 모든 것을 함께 연결하는 역동적인 과정—은 종교에 대한 관점과 상관없이 많은 이들에게 영적 태도를 불러일으킨다. 중요한 것은 몇 가지 일반적인 오해에도 불구하고 심오한 영적 감수성과 엄격한 과학 연구가 양립할 수 있다는 점이다. 최고의 과학자들이 단언하듯이 더 많이 배울수록 우리가 실제로 확실히 아는 것은 적어진다. 새로운 사실과 더 많은 데이터는 더욱 심오한 질문을 불러일으킬 뿐이다. 과학의 영성은 단순한 지적 훈련이 아니다. 가장 깊은 곳에서, 과학은 말 그대로 놀랍고 불가피하게 창조적인 상상력을 불러일으킨다. 과학은 단지 분석의 문제가 아니라 경험의 한 형식이며, 반드시 종교적 믿음으로 귀결되지는 않지만 영적 연결을 위한 공간을 허용하는 것만은 분명하다. 일부 과학자들은 세속적인 과학 탐구가 그 자체로 분명한 영적 요구를 낳는다고 말할 것이다.

사람들이 과거에 추측했던 것처럼 하나의 단단하고 움직이지 않는 우주는 더는 존재하지 않는다. 이제 우리가 '우주'라고 정의하는 것은 끊임없이 확장되면서 무수한 은하들의 존재와 마주칠 뿐만 아니라, 우리의 우주가 단지 수많은 우주 가운데 하나일 뿐이라는 이론에 직면하고 있다. 이러한 '다중우주'는 순서대로 존재할 수 있다. 말하자면 우리의 최초 빅뱅은 이전 우주의 죽음에서 비롯됐고 이는 무한 회귀의 과정일 수 있다. 혹은 무한한 수의 평행우주가 동시에 존재하는 현상일 수도 있다. '존재'의 총체를 정의하려는 시도는 이제 감당할 수 없을 만큼 복잡해 보인다. 우리의 '우주'는 훨씬 더 웅장하고 신비로운 현실의 한 구성 요소에 불과할지 모른다.

우주론·진화론·미생물학, 그리고 화학자 제임스 러브록과 미생물학자 린 마굴리스의 가이아 이론과 같은 생태계에 대한 통합적 이해는 독단적인 종교와 구식 경험주의의 경직성에 만만치 않은 힘으로 도전한다. 모든 수준에서 이러한 방식으로 창의적 과정이 작동하려면 놀라운 상호관계와 복잡한 시스템이 요구된다. 세계가 이전처럼 존재하지 않으려면, 물질에 생명의 성향이 부여되지 않으려면, 우주가 해 오던 대로 진화하지 않으려면, 아주 미세한 차이가 필요하다. 일부 학자들은 우주의 물리적 과정이 믿기 힘들 만큼 정확하고 미세하게 조정될 수 있다고 본다. 이런 조정이 없었더라면 생명도, 감각의 발달도, 사고의 생성도, 자신이 누구인지를 꿰뚫어 보고자 창의성과 경이의 감정과 강렬한 호기심으로 질문하는 자의식의 출현도 없었을 것이다. 이런 조정 과정은 왜 절대적인 무(無)가 아니라 무언가가 존재하는지에 대한 궁극적 신비에 버금가는 심오한 수수께끼를 우리에게 남긴다. 현대 미국의 과학철학자 홈즈 롤스턴에 따르면 '자연은 이제 덜 물질적이고, 덜 절대적으로 시공간적이며, 더 놀랍고, 더 개방적이면서 활기찬 발전 과정이다.'

• 결론

이 장의 서두에서 사람들이 흔히 '영성'을 경험과 연관시킨다고 언급했다. 그러나 역사를 좀 더 넓게 읽어 보면 영성은 하나의 관점으로 환원되지 않는다. 특히 다양한 종교적 전통과 현대의 세속적 영성의 접근법은 '삶의 방식'이라는 측면에서 영성을 더욱 강조한다. 다음 장에서는 과거와 현재의 영성 형식이 어떻게 영적 실천을 일상 세계에서 변화된 삶의 추구와 관련시키는지를 살펴볼 것이다. 금욕적 유형의 영성, 다양한 형식의 실용적 유형의 영성, 직업에서 드러나는 영성 등 삶의 방식으로서의 영성에 해당하는 현대의 사례를 소개할 것이다.

"영성은 신비하든 아니든 경험과 자주 연관된다."

4장　삶의 방식으로서의 영성

이번 장에서는 삶의 방식으로서의 영성을 탐구한다. 종교적 영성도, 세속적 영성도 내면의 경험에만 치중하지 않았다. 다양한 방법으로 영적 실천을 일상의 실존적 변화와 연관 짓고자 해 왔다. 현대에 오면서 '삶의 방식으로서의 영성'은 피에르 아도의 철학적인 글이나 음식의 영성에 관한 글에서 보듯 좀 더 인본주의적인 방향으로 선회했다.

2장에서 소개했던 금욕적 유형과 능동적-실용적 유형의 영성은 둘 다 '삶의 방식으로서의 영성'을 보여 준다. 종교적이거나 세속적인 형식의 영성 모두 금욕적 유형을 낳았다. 이들은 자기 절제와 물질적 소유의 거부를 영적 탐구의 핵심 요소로 삼는다. 수도원의 삶이 그 특수한 사례이다. '삶의 방식으로서의 영성'은 또한 일상의 삶을 영적 경로의 주요한 맥락으로 끌어올린다는 점에서 능동적-실용적 유형과 통한다. 이는 스와미 비베카난다의 '덕의 길로서의 베단타'에 대한 가르침, 16세기 이그나티우스 로욜라의 《영신 수련》, 19세기 유대교의 무사르(Musar) 운동처럼 다양한 종교에서 전해지는 영적 전통에서도 나타난다. 영성에 대한 이러한 접근은 직업 세계에 대한 새로운 접근에도 중대한 영향을 미쳤다. 일을 단지 이윤을 내는 생산성의 맥락이 아니라 소명이라는 이상으로 올려놓은 것이다.

• 영성과 생애 발달

삶의 방식으로서의 영성에 대한 모든 접근법은 인간의 발달과 변화에 대한 이해를 전제한다. 발달의 관점에서 볼 때 현대의 영성 연구는 교육뿐만 아니라 유년기와 노화 같은 삶의 단계를 고려한다. 여기서 아이들은 영적 경험과 지식을 구하는 활동적인 행위자로 간주된다. 요즘의 저작과 연구는 창의적 사고와 놀이, 호기심, 신비에의 매혹, 꾸밈없는 즐거움 등 유년기에 나타나는 강렬한 영성에 주목한다. 또 유년기 영성의 핵심에는 신비로운 성향이 존재한다고 강조한다. 예를 들어 어린아이가 가진, 지적 추론을 넘어선 감정적 민감성은 공간적 실재, 상징, 시각에서 '신성한 것'을 포착하는 예리한 인식을 가능하게 한다. 어른들은 아이들의 서사를 단순한 환상 혹은 놀이로 해석하지만, 의미를 해석하려는 성인의 성향과 달리 아이들에게는 자신들의 서사적 세계에 단순히 머무름으로써만 가능한 깊은 논리가 있다.

교육의 측면에서, 중등교육 기준에 관한 영국 정부의 문서에 '영적 발달'이라는 개념이 들어 있음을 1장에서 살펴보았다. 교육의 맥락에서 '영적인 것'은 삶의 비물질적인 측면을 발전시키는 것(삶은 생물학 이상이기에)의 중요성에 그치지 않는다. 그것은 학생들에게 핵심적인 사회적·시민적 가치를 육성하고, 개인적으로나 사회적으로 '학습'의 내재적 가치를 통해 이해의 폭을 넓히는 데 도움을 준다. 이로써 도구화되고 결과 지향적인 접근법을 대체한다. 교육의 영성은 교육이 무엇을 위한 것인지, 교육받은 사람이 된다는 것은 무엇인지, 무엇이 교육받은 사회를 만드는지 묻는다.

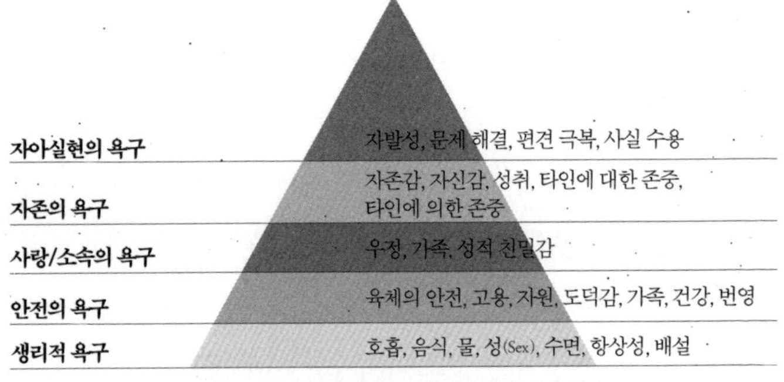

그림1. 에이브러햄 매슬로, 〈욕구의 위계 피라미드〉

영성은 최근 노화 연구에도 관여한다. 노인학은 노화 과정에서의 상실감에 대항하는 영적 자원의 가치에 주목하고 있지만, 노화의 영성은 이보다 훨씬 더 풍부하다. 몇몇 저명한 인본주의 심리학자나 자아초월 심리학자들은 노인들이 단순히 쇠퇴하는 것이 아니라 삶을 통틀어 발달의 정점에 이를 수 있는 상승의 가능성이 있다고 말한다. 이는 도덕적 혹은 영적 통합과 관련이 있다. 예를 들어 에리히 프롬이 말하는 '통합', 로렌스 콜버그의 보편적 원칙의 포용, 에이브러햄 매슬로의 자아 실현 같은 단계들이다. 이러한 통찰은 단순히 노인의 존엄과 지위에 대한 존중을 회복하려는 시도가 아니라 나이의 지혜라는 개념을 되찾는 것이기도 하다. 실제로 이 모델에서는 삶의 단계마다 특정한 과제와 교훈이 있다. 노년기에 죽음과 직면하는 불가피한 경험은 우리를 과도한 물질적 사로잡힘에서 해방시켜 주는 중요한 영적 시험이다.

• 영성과 전환

일반적인 생애 발달과 더불어 영성은 '전환'의 필요성과도 관련이 있다. 예를 들어 기독교 영성에서는 죄를 짓거나 자기에게만 몰두하는 경향으로부터의 '회심'이 핵심 개념이다. 종교마다 어떤 단어를 쓰든, 과거의 모든 영적 전통은 '비진정'한 인간에서 '진정'한 인간으로의 전환과 관련된 지혜를 제공한다. 여기에는 다섯 가지 광범위한 질문이 있다. 첫째, 인간 존재에서 무엇이, 왜 전환되어야 하는가? 둘째, 전환의 여정을 가로막는 요인은 무엇인가? 셋째, 전환은 일상생활과 의도적 생활방식 가운데 어디에서 더 잘 일어나는가? 넷째, 전환은 어떻게 일어나며 어떤 영적 수행이 도움이 되는가? 마지막으로 전환의 최종 목적은 무엇이며, 우리는 어떤 존재로 전환하는가? 이러한 질문들은 영성이 인간 정신 그리고 정신적 성취에 대한 전망을 구현한다는 개념과 밀접한 관련이 있다.

가장 널리 퍼진 영적 이미지 중 하나는 순례 또는 여러 단계의 여행이다. 예를 들어 힌두교에는 네 가지 아스라마(Asrama), 즉 삶의 순서가 있다. 학습기(學習期), 가주기(家住期), 임서기(林棲期), 마지막으로 사냐사(Sannyasa, 전적으로 신에 귀의하는 물질적 포기의 삶) 단계인 유행기(遊行期)이다. 기독교 문학에서는 순례로서의 삶이란 주제가 많이 나타난다. 5세기 어거스틴의 《신국론》과 17세기 존 번연의 《천로역정》을 들 수 있다. 여행의 은유는 영적 삶의 급진적인 역동성을 표현한다. 서양 중세에 내면으로의 영적 여행이란 개념은 '세 겹의 길', 즉 정화와 계시와 통합의 길이었다. 이것은 영적 한계로부터의 정화, 관상적 통찰력의 성장, 마지막으로 신성한 존재와의 강렬한 합일과 관련이 있다. 이러한 길은 대개 연속적인 단계로 설명되었지만, 어떤 단계도 그 자체로는 완성되지 않는 교직된 차원의 전환을 의미한다.

• 영성, 죽음 그리고 운명

영적 여정의 추구에 필요한 지혜에는 영적 탐구의 목표로서 죽음 너머의 궁극적인 운명에 대한 전망이 포함된다. 이 운명은 개인과 인류 그리고 전체로서의 세계 관점에서 생각해 볼 수 있다. 운명이란 개념은 불가피한 운을 믿는 것이 아니라 영적 여정이 궁극적 성취로 이어진다는, 모든 종교에 존재하는 감각을 표현한다. 이것은 구원, 환상이나 잘못된 집착으로부터의 해방 혹은 하느님과의 일치로 정의될 수 있다. 철학이나 신학에서 운명 연구를 표현하는 데 흔히 쓰이는 단어인 '종말론'은 그리스어로 '마지막의 일들'을 뜻한다.

세 아브라함계 종교에서 운명은 영원한 사후세계에서 죽음을 이기는 개인 정체성의 관점으로 그려진다. 넓게 보면 이런 전망에는 생전의 행위, 기다리거나 재교육받는 중간 단계(예를 들어 연옥의 개념), 그런 다음 신과의 궁극적인 합일(천국 또는 낙원) 혹은 신으로부터의 궁극적인 분리 상태(지옥)와 관련된 심판이 들어 있다. 힌두교에서는 탄생, 죽음, 부활이 끝없이 순환하는데 올바른 행위—자아로부터의 벗어남과 영적 수행—를 통해 고통에서 벗어나 신과의 합일을 이루는 것, 즉 해탈(모크샤)을 통해 이 순환을 끝낼 수 있다. 인격신이 없는 불교에서 운명은 열정이나 집착으로부터의 자유, 깨달음, 행복, 열반 상태에서 '진정한 자아'의 성취로 묘사된다. 운명이 개인 자아의 구원과 연관되는 아브라함계 종교의 신앙과 달리, 불교의 열반은 더 수수께끼 같고 존재/비존재의 개념을 넘어선다.

일부 종교들, 특히 세 아브라함계 종교는 지구적 혹은 우주적 완성—현재 세계의 종말(기독교의 '종말론'), 만물에 대한 최종의 우주적 심판, 그것을 넘어 완전한 창조질서라는 하느님의 목적을 성취하는 새로운 창조—이라는 관점을 취한다. 힌두교 같은 종교는 세계의 연속성을 말한다. 이 이미지들은 경험적 관찰에 기반한 과학적 진술이 아니라 존재의 근본 의미를 표현하는 신화적 서사이다. 따라서 우주의 예정된 운명에 관한 과학 이론에 반대하지 않는다.

• 종교적 영성과 세속적 영성에서의 삶의 방식

넓은 의미에서, 오래된 종교적 영성은 모두 세상을 살아가고 일상을 변화시키는 방식에 관한 것이다. 예를 들어 유대교 영성의 중심에는 현존하는 하느님과 영원히 함께하면서 일상의 실존에 적합한 방식으로 거룩해지고자 하는 욕망이 있다. 랍비 유대교는 신적 율법인 토라를 어떻게 일상생활에 적용할 수 있는지에 초점을 둔다. 기독교 영성은 유대교의 요소를 공유하면서도 예수의 길을 따르고 그가 했던 것처럼 하느님 나라를 선포하는 제자도의 성서적 이미지에 기반하고 있다. 《요한복음》에서 예수는 자신을 '길(요 14:6)'이라 하고, 《사도행전》은 기독교를 '길', 기독교인들을 '길 위의 사람들(행 9:2, 18, 25)'로 표현한다. 이슬람에서는 하루 다섯 번의 기도, 금식, 순례처럼 뚜렷한 영적 의무를 지키는 한편, 핵심은 하느님에 대한 헌신과 순종, 자선, 좀 더 넓게는 삶의 모든 면에서 하느님의 뜻을 충족하는 방식으로 행동하는 것이다. 힌두교 영성은 무엇이 진짜인지에 집중하기 위해 사람들이 사물의 외양에 마음을 빼앗기지 않도록 한다. 어떤 사람들에게 이것은 금욕적인 단념의 삶을 의미하지만, 대부분 사람에게는 물질적인 현실을 단지 목적을 위한 수단으로 여기면서 세속에서 살아가는 것을 뜻한다. 비슷하게 불교의 영적 여정은 물질적 존재가 우리에게 주는 '사물'의 다양성에 대한 잘못된 갈애로부터 일어나는 고통과 불만족에서 신자들을 해방시키고자 한다. 불교의 팔정도가 마음의 정화와 정신적 수양을 권장한다면, 불교 영성은 비윤리적인 행위의 절제와 보편적인 자비를 가르친다는 점에서 매우 도덕적이다.

저명한 철학사학자 피에르 아도는 단지 이론적 담론의 형식에 그치는 데서 벗어나 세속적 영성을 생활방식으로 만들었다. 아도는 그의 유명한 책 《삶의 방식으로서의 철학》에서 고대 철학이 근본적으로 '세상에 존재하는' 방식에 기초한 도덕적 행동의 한 유형이었다고 주장한다. 이것은 개인 삶의 전환뿐 아니라 보편적 공동번영(알렉산드리아의 필로처럼) 혹은 '공동선'의 추구(아리스토텔레스처럼)를 가리킨다. '철학'이라는 단어가 지혜에 대한 사랑을 뜻한다면, 고대인들이 말하는 참된 지혜란 어떻게 지식을 얻는지 뿐만 아니라 어떻게 살아야 하는지를 배우는 것을 의미한다. 이런 원칙적인 삶의 방식은 마음의 평화, 내면의 자유, 자연과 우주에 대한 집중을 가져온다. 앞으로 살펴보겠지만 고대 철학의 한 형식인 스토아학파는 금욕적 가르침을 중요하게 여겼다. 그러나 아도는 그리스와 로마 철학이 최고조일 때는 항상 집단적, 상호지원적, 영적인 운동이었음을 설득력 있게 주장한다. 무엇보다 플라톤과 아리스토텔레스 같은 고대 철학자들은 그들이 속한 도시에 봉사하고 사회를 변화시키는 것이 자신들의 역할이라고 이해했다. 아도의 설명은 서양철학에 집중되어 있지만, 1장에서 보았듯이 유교 전통 또한 일상적 실존의 철학이다.

좀 더 물질적인 차원에서, 영성과 일상생활의 관련성은 음식의 역할에서 드러난다. '영성과 음식'으로 웹을 검색하면 대부분 식사법과 건강에 관한 내용이 나온다. 많은 글이 금식의 가치, 즉 영적 수련으로서 음식을 절제하는 수행에 대해 다룬다. 그러나 음식과 영성의 연결은 보다 섬세하고 다양하다. 많은 유명한 요리사가 요리를 예술 형식으로 바라보면서 음식은 미적 창의성의 일부가 되었다. 하지만 2010년 4월 프랑스 요리사 레이몽 블랑은 영국 일간지 〈데일리 메일〉에 "이번 부활절에는 하느님께 다가가는 방식으로 먹어라('바베트의 만찬'이 좋은 음식과 영성에 대해 가르쳐 줄 수 있는 것)"라는 제목의 글을 실었다. 블랑은 음식이 단순한 상품 혹은 사소한 필수품으로 격하되는 데 맞서고자 노력한다. 그는 음식 나눔을 중요한 전환적 경험으로 여긴다. 블랑에게는 음식만을 즐기는 것은 별로 의미가 없다. 음식은 식사를 뜻하며, 식사를 나누는 것은 세상의 많은 병폐에 대한 해결책이다.

음식과 옷의 영성을 다루는 작가이자 인본주의 심리학자, 심리치료사인 수지 헤이워드는 다양한 주제를 언급한다. 그녀는 음식을 양육과 관계, 의례와 축전에 연관시킨다. 그녀는 음식과 윤리를 연결하며, 종교 경전에 나오는 음식 혹은 음식 대접의 은유가 신과 우리의 관계에 대한 열망과 동경의 표현이라고 설명한다. 의복의 관점에서는 특정한 페르소나를 묘사하는 '제2의 피부'로서 옷이 갖는 영적 의미, 서로 다른 의상 스타일이나 드레스코드와 '자아'의 관계, 스타일과 젠더의 밀접한 연관성, 옷과 미덕의 관계, 패션(fashion)의 사회 윤리적 의미에 대해 논한다.

• 금욕적 유형

삶의 방식에 초점을 맞춘 두 가지 유형의 영성 가운데 금욕적 유형은 평범함의 경계를 벗어난 수행을 강조하거나 수도원주의처럼 일상생활에서의 이탈을 권장하는 경향이 있다.

현대 유대교는 종종 금욕적 유형을 의심의 눈길로 바라본다. 이는 유대교가 전통적으로 자손과 가족에 대한 의무를 강조하는 데 일부 이유가 있다. 유대교의 역사에 유사 수도 집단이 있기는 하지만 불교, 기독교, 힌두교 등 다른 종교에서 나타나는 수도원주의에 해당하는 것은 없다. 예를 들어 기원전 2세기에 생겨 기원후 1세기까지 존속한 종파인 에세네파의 경우, 일부는 마을에 살았고 일부는 공동체를 형성해 자발적 가난과 정결을 실천했으며 어떤 경우에는 독신으로 살았다. 그들은 메시아에 대한 희망, 하느님의 나라가 회복될 때 종말이 다가온다는 감각으로 움직였다. 에세네파는 종종 기독교 복음서에 나오는 세례자 요한의 모습, 사해 두루마리로 알려진 광범위한 논쟁적 문서들과 연관된다. 이 문서들은 1946년 사해의 동굴에서 발견되었다. 에세네파의 '수도를 향한 격정'은 토라(종교법) 연구로 이어진다. 일부 오래된 종교 서적에는 금욕적 수행에 대한 내용이 있지만 소수의 초정통파 유대교도들만이 이를 실천했다. 하시디즘 전통에 속한 일부 사람이 오래된 영적 패러다임을 계승하는 차원에서 독신주의를 선택했지만, 유대교 개혁파나 진보파에서는 찾아볼 수 없었다.

기독교의 금욕적 영성은 가톨릭교회와 동방정교회에서 찾아볼 수 있다. 일반적으로 금식이나 자선 기부와 같은 금욕적 규율은 사순절(예수의 죽음과 부활을 기념하는 40일)과 대림절(크리스마스 직전 한 달)에 권장된다. 복음서들은 이 주제를 다양하게 변주하는데 《루카복음》은 예수가 광야에서 40일간 금식하며 공적 사역을 준비했다는 것, 예수와 제자들의 고난과 떠돌이 생활을 강조한다('여우도 굴이 있고 공중의 새도 거처가 있으되 인자는 머리를 둘 곳이 없다').

유명한 베네딕도회 회칙처럼 엄격한 규칙을 지키는 조직적인 수도원 생활의 기원은 팔레스타인과 이집트의 금욕 은수자들(예를 들어 4세기의 대 안토니우스)로 거슬러 올라간다. 4세기 초 무렵, 첫 수도원 규칙의 저자인 파코미우스가 테베 근처에 설립한 공동체들이 등장했다. 이후 수 세기에 걸쳐 수도원주의는 다양한 형식으로 발전했고, 널리 찬사를 받은 예술 영화 〈위대한 침묵〉에 나오는 카르투시오회처럼 수도자들로 구성된 '수도회'라는 독특한 집단이 나왔다. 20세기에는 새로운 수도원 운동이 나타났다. 로제 슈츠 수사가 1940년 부르고뉴에 설립한 다교파적인 떼제 공동체는 종교 간 화해, 세계 평화, 젊은이들의 대규모 회합의 중요한 중심지가 되었다. 예루살렘 형제단은 사막의 수도 정신을 현대 도시로 옮겨 왔다. 1965년 엔조 비앙키가 밀라노 근처에 설립한 보스 수도원은 전 기독교적인(Ecumenical) 공동체로서 남녀가 함께 생활한다. 신 수도원주의로 알려진 새로운 국제 평신도 운동은 20세기 말 미국에서 처음 나타났으며, 광범위한 네트워크와 공동체를 고려해 수도원 영성의 가치를 재해석한다.

이슬람은 금욕적 영성을 강조하는데 아랍어로 '초탈'을 의미하는 주흐드(Zuhd)가 이에 가장 가까운 단어이다. 이슬람은 일반적으로 사치를 피하고 소박한 삶을 추구하라고 권장한다. 쿠란은 현재 우리의 삶이 영원과 대비해 덧없다는 점을 신자들에게 상기시키는 구절로 가득 차 있다. 예언자 무함마드는 철야기도, 금식 등 단순한 시간을 보낸 것으로 알려져 있다. 그는 이런 말을 남겼다. "내가 세상사와 무슨 관련이 있을까? 나와 세상의 인연은 여행자가 나무 그늘 아래에서 잠시 쉬었다 가는 것과 같다."

이슬람은 엄격한 의미의 수도원주의를 허용하지 않는데, 이유는 그것이 결혼과 출산이라는 사회적 의무로부터 사람들을 떼어 놓기 때문이다. 그러나 수 세기 동안 수도원 생활방식, 때로는 유사 공동체인 수피 집단 또는 교단이 출현했다. 그중 페르시아에서 기원한 데르비시 교단이 유명하다. 이들은 중세 기독교의 탁발 수도사들과 비슷하게 물질적 가난과 탁발(구걸을 의미함)이라는 극도의 검약함으로 알려져 있다. 탁발의 동기는 겸손을 배우는 것이고, 그렇게 모인 돈은 가난한 사람들에게 나눠 준다. 데르비시의 여러 교단은 각자 무슬림 성인과 현자들에 기원을 두고 있다. 어떤 교단은 단체로 쿠란을 외거나 터키 메블레비 교단의 '회전춤을 추는 데르비시들(Whirling Dervishes)'처럼 의례 춤을 춘다. 춤이나 음악의 목적은 오락이 아니라 영적 황홀경을 탐색하는 것이다. 페르시아의 위대한 수피 시인 루미가 데르비시였으며, 현재 그의 사당이 터키에 있다.

힌두교는 인생의 마지막이자 가장 완벽한 단계인 사냐사를 실천하는 사람들에게 공식 금욕을 허용한다. 이들은 가정생활과 자녀 양육이라는 전통적인 가주기 단계를 완수한 남녀들로서 영적 추구에 여생을 바친다. 마지막 삶의 단계에서 그들은 영적 명상에 집중하기 위해 모든 세속적 사고와 욕망을 버리고 물질적 삶으로부터 초탈한 상태를 추구한다. 위대한 힌두교 경전 중 하나인 바가바드 기타는 명상의 삶을 추구하기 위해 물질적 욕망(성적 활동 포함)에 근거한 활동을 포기하는 일을 언급한다. 사두들은 극단적 형태의 자기부정으로 유명하다. 그들은 몇 달 혹은 몇 년씩 한쪽 다리로 서 있거나 팔을 들고 있는 등 육체적 수행을 하기도 한다. 그 동기는 영적 순수함과 깨달음을 얻는 것 혹은 육체의 필요를 돌보기 위해 신에게 의지한다는 사실을 나타내려는 것이다.

넓게 보면 힌두 금욕주의는 '수도원적'이라고 할 수 있다. 어떤 이들은 수도원에서 함께 살고, 다른 이들은 탁발하며 독신으로 여기저기를 떠돈다. 금욕주의자들은 단순함과 초탈, 독신주의(비록 이전에 결혼했더라도), 명상에 자신을 바친다. 사냐시 또는 사두(여성은 사냐신 또는 사디바)는 대개 황토색 옷을 입는다. 비슈누 수도사들은 비슈누와 그의 현신인 라마와 크리슈나를 신으로 숭배하고 정수리에 작은 상투만 남긴 채 머리카락을 민다. 시바 수도자들은 시바를 최고의 존재로 숭배하며 머리카락과 수염을 다듬지 않은 채 기른다.

불교에서 금욕의 형식은 종파에 따라 다르다. 스리랑카, 태국 등 동남아시아에 존재하는 상좌부불교는 극단적인 금욕주의를 거부하는 경향이 있는데, 그것이 고통으로부터의 궁극적 자유(열반)를 방해하기 때문이다. 대신 육체의 필요를 충족하되 향락을 피하는 중용을 강조한다. 그 자체가 목적이 되는 궁핍은 역설적으로 포기에 대한 집착을 가리키기 때문에 피한다. 이것이 상좌부불교의 중심원리 중 하나인 중도(中道)이다. 대승불교는 티베트, 중국, 몽골, 한국, 일본의 주요 형식으로서 선을 포함한다. 이 전통은 금욕주의에 대해 약간 다르게 접근한다. 채식주의는 중국과 일본에서 중요한 역할을 한다. 이유는 여러 가지인데, 그중 하나는 매일 주어지는 대로 받아먹는 금욕 수도승의 탁발이 대승불교에서 대체로 사라졌기 때문이다. 승려들은 직접 음식을 준비하면서 식사법을 조절했다. 대승불교 수행에서는 또한 자기희생과 내핍의 철학이 우세하다.

체계화된 불교 수도 생활의 기원은 붓다에게로 거슬러 올라간다. 그는 승가, 즉 계를 받은 비구와 비구니들의 공동체를 설립한 것으로 알려져 있다. 과거의 유랑과 금욕적 수행이 공동생활의 형식으로 발전했다. 붓다의 죽음 이후 수도원주의는 후기 기독교 양식과 유사한 공동체주의 형식으로 나아갔다. 불교 내에서 승려의 역할은 교리와 수행의 중요한 보존자가 되는 것이다. 그들의 생활방식은 경전 연구, 명상, 도덕적이고 금욕적인 삶에 초점을 두고 있다.

철학의 역사에서 고대 그리스의 스토아주의 전통은 대표적인 금욕주의 운동의 사례이다. 다른 그리스 철학과 마찬가지로 스토아주의자에게도 관상적 삶이 가장 중요하다. 이런 삶을 추구하면서 모든 이질적인 것으로부터 자신을 해방시켜야 한다. 관상적 삶은 시간과 공간의 무한함인 우주와의 연결을 추구한다. 따라서 '철학'은 우리의 의지를 보편적인 본질에 일치시키는 데 관심이 있었다. 이러한 일치를 실현하려면 치열하게 명상을 수행하고 양심을 살피며 과거와 미래를 떠나 현재를 온전히 살아야 한다. 초기 기독교 시대 알렉산드리아에서 강한 존재감을 가졌던 이 철학 운동은 초기 이집트 수도원주의에 영향을 준 것으로 보인다.

• 능동적-실용적 유형

능동적-실용적 유형의 영성은 삶의 방식으로서의 영성에 약간 다르게 접근한다. 여기서는 다양한 면에서 일상생활을 영적 여정의 주된 맥락으로 삼는다. 세 가지 사례로 힌두교에서 실용적-윤리적 경로로 베단타에 접근한 스와미 비베카난다, 유대교의 무사르 운동, 기독교의 이냐시오 영성을 설명해 보고자 한다.

벵골 귀족인 스와미 비베카난다는 라마크리슈나 선교회의 창시자이자 신비주의자인 라마크리슈나의 제자로, 현대 인도에서 힌두교를 부흥시키고 서양에 힌두교 철학을 전파하는데 중요한 역할을 했다. 라마크리슈나는 다른 이들을 섬기는 것이 신에 대한 가장 완전한 경배라고 가르쳤다. 스와미 비베카난다는 처음에는 방랑하는 사냐시로 살다가 1893년 시카고에서 열린 세계종교의회에 대표단으로 파견되고 마침내 서구인들에게 종교적-인간적 철학으로서 베단타를 가르치게 되었다. 비베카난다에 따르면 베단타는 모든 인간이 잠재적으로 신성하다고 가르친다. 인간 삶의 목표는 이런 신성을 내면적으로, 외부적으로 실현하는 것이다. 이것은 예배, 일, 철학을 통해 이뤄진다. 교리, 의식, 사원은 종교에서 부차적인 표현일 뿐이다. 동료 인간을 섬기는 것이 신을 섬기는 것이며 종교의 깊은 의미이다. 스와미 비베카난다는 빈자의 섬김을 통해 하느님의 섬김이라는 개념을 가르쳤다. 그에게 힌두 베단타는 모든 인간이 자유로워지기 전까지는 누구도 진정으로 자유로울 수 없음을 암시했다. 스와미 비베카난다의 베단타 운동을 장려하는 라마크리슈나 선교회는 장애인 돌봄, 재난 구호, 농촌 개발, 지역분쟁 대응, 청년 운동, 여러 수준의 직업 훈련 및 교육 등에 걸쳐 광범위한 활동을 하고 있다.

유대교 영성은 전반적으로 능동적-실용적 형식을 띤다.

그중에서도 가장 명백한 사례가 무사르 운동이다. 이것은 19세기 동유럽에서 시작됐으며 랍비 이스라엘 리프킨 살랜터가 주도했다. 이 운동은 유대인의 율법이 쇠퇴했고 그것을 지키는 사람들조차 율법의 내면적, 특히 윤리적 핵심에 감정적으로 연결되지 않았다는 의식에서 나왔다. 따라서 윤리, 교육, 문화에 초점을 맞추며 종교법인 토라를 삶 전체를 위한 규약으로 여긴다. 살랜터는 유대인들의 코셔(kosher) 식사법처럼 상업도 코셔 방식으로 이뤄지도록 주의해야 한다고 제안했다. 흥미롭게도 살랜터는 지크문트 프로이트보다 훨씬 이전에 잠재의식(그리고 내면의 과정이 도덕의 작동에서 하는 역할)에 대한 에세이를 썼다. 무사르 운동이 명상과 침묵 같은 영적 수행을 사회행동의 필수 전제로 장려한 점도 중요하다. 이 운동은 최근 미국에서 눈에 띄게 부흥했을 뿐 아니라 이스라엘의 일부 예시바(Yeshiva, 종교 경전을 연구하는 교육기관)에서도 이어지고 있다. 무사르의 이상은 정통 유대교에 근거하지만, 오늘날 일부 유대교 신자들은 무사르의 메시지와 이상이 사실 유대 문화와 다르다고 주장한다.

마지막으로 기독교 영성에서 능동적-실용적 유형이 두드러진 사례는 예수회의 설립자인 이그나티우스 로욜라와 관련된 전통이다. 이냐시오 영성의 주요한 가치를 담은 유명한 문서인 《영신 수련》에 담긴 내용은 전 시대를 통틀어 매우 영향력 있는 영성 수행법이 되었다. 종교개혁 당시 시작되었지만 오늘날까지 이어지면서 기독교의 여러 교파와 다른 종교에서까지 영적 인도의 매개로 활용된다. 문서 자체는 묵상을 인도하거나 수행을 하는 데 필요한 실용적 메모로 구성되어 있다. 본문 대부분은 기도 시기와 내용에 대한 조언, 영적 분별과 인생에서의 올바른 선택에 대한 가르침이다. 이런 구성은 영적 변화의 역동적인 과정을 보조하기 위한 것이다. 예수 그리스도의 부름에 응답하고 그를 따르기 위해 영적 자유 속에서 성장을 돕는다는 뚜렷한 목적이 있다. '주(Weeks)'로 나뉜 네 단계마다 특정한 강조점에 따라 과정이 전개된다.

이냐시오 영성은 몇 가지 근본적인 특징이 있다. 첫째, 일상생활의 수행을 통해 하느님을 만나게 된다. 둘째, '모든 것 안에서 하느님을 찾는다'라는 주제에 따라 관상과 활동의 통합을 촉진한다. 마지막으로 분별에 대한 이그나티우스의 유명한 가르침이 있다. 분별은 영적 지혜의 형식으로서 우리의 영적 충동(또는 욕망) 가운데 무엇이 생명을 주고 무엇이 파괴적인지 이해하는 방법을 가르친다. 이그나티우스의 가르침은 어떻게 하면 우리를 가두는 충동으로부터 자유로워지는지 그리고 어떻게 하면 삶을 현명하게, 가장 깊은 진리와 일치하는 방식으로 선택하는지에 초점을 맞춘다.

• 영성과 직업생활

오늘날 삶의 방식으로서의 영성은 종교를 넘어 직업생활을 바라보는 시각을 변화시킨다. 영성 수행의 관조적-신비적 측면에 초점을 맞추기보다는 일의 세계를 영적 문제로 접근한다. 그것이 삶의 목적과 의미와 연관돼 있기 때문이다. 최근 수십 년간 경영과 사업에서 영성이 점점 인기를 얻는 것은 일의 영적 가치가 회복되고 있음을 보여 주는 명백한 증거이다. 영성과 사업에 관한 글과 책이 많으며 직장영성재단(The Foundation for Workplace Spirituality)처럼 직장생활이 갖는 영적 가치를 높이려는 단체들도 있다. 직업이 상업 세계에서 영성으로 전환되는 현상의 핵심은, 순전히 실용적인 필요성 때문에 일하는 게 아니라 그것이 소명이라는 생각의 회복이다.

어떤 회사에서는 직원과 각 부서가 영적 가치와 실천 방법을 개발하고 심지어 수련회를 조직해 회사의 정신을 만들도록 권장한다. 다양한 곳에서 다양한 영적 수행법이 나왔다. 일과를 시작할 때의 태극권, 점심시간을 활용한 명상 시간(공간), 직원들을 위한 영성 서적 도서관 등이 있다. 사무공간을 재배치하거나 사업체를 이전하는 데 풍수를 활용하기도 한다. 사업과 관련된 영성 운동은 개인과 기업의 청렴도를 높이고 명확한 가치 체계를 개발하며 노동자의 '전체성'에 적절한 관심을 기울이는 등의 윤리적 접근을 권장하기도 한다. 직장과 영성을 통합하는 데 따른 장점은 단순한 생산활동을 넘어 의미와 목적의 감각을 제공함으로써 높은 동기를 유발하는 것이다. 영감, 더 나은 윤리의식, 깊은 성취감, 효과적인 팀 운영 등이 가능하다. 어떤 논평자들은 두 가지에 주목한다. 첫째, 목적 감각을 드러내는 직장은 똑똑하고 좋은 직원들을 끌어들이는 경향이 있다. 둘째, 기업 가치와 영적 가치가 강하게 연결될 때 실제로 회사의 실적이 올라간다.

직업 영성은 종종 직장에서 리더의 자질을 높이는 데 초점을 맞춘다. 영적으로 충만하고 효율적인 리더는 직원들에게 용기, 창의력, 영감을 줄 수 있는 능력을 갖게 된다. 이러한 종류의 리더십은 팀 정신과 이른바 '자발적' 인력자원을 형성할 수 있다. 효율적인 리더는 소위 '영적 지능'을 갖는다. 이것은 즉각적인 사건과 요소들로 이루어진 물리적 세계를 넘어 가능성과 전망이 넘치는 상상적 세계로 사람들을 이끈다. 미래를 향해 현명하게 나아가는 힘을 주고, 좋은 리더로 하여금 현실을 적극적으로 개척할 수 있도록 한다. 영적으로 각성한 비즈니스 리더십이라는 접근법은 인류에 대한 기업의 봉사 감각을 만드는 능력, 사업과 상거래에서 이뤄지거나 계획하는 일을 통해 세계가 더 나은 방향으로 변화하는 것을 추구하는 경향이 있다. 이러한 관점은 크게 보면 자본주의가 단순한 이윤 동기에서 벗어나 사회적이고 도덕적인 전망을 지지하는 방향으로 나아가게 한다.

성 베네딕도 수도원 회칙을 비롯해 서양의 영성 관련 고전들은 대개 일의 영적 가치를 긍정한다. 마르틴 루터와 존 칼뱅 같은 개신교 사상가들은 평범한 일의 신성함을 주장하면서 '세속적 소명'은 성직이나 수도 생활만큼 영적이라고 했다. 근래의 일로는 교황 요한 바오로 2세가 1981년 회칙 〈노동하는 인간(Laborem Exercens)〉에서 인간의 일은 창조주 하느님을 모방하는 것이며 공동선을 구축함으로써 인류 공동체에 봉사하는 것이라고 말했다. 교황은 동시에 노동 환경이 실제로는 열악하거나 비인간적일 수 있다고도 언급했다. 결과적으로 일이 긍정적인 덕목이고 인간됨의 중심이라는 믿음은 정의, 인간의 존엄성, 적절한 노동조건, 공정한 임금에 대한 비판적인 질문을 던진다.

• 결론: 영성과 윤리

'삶의 방식으로서의 영성'에 대한 탐구로 비춰 볼 때 영성이 윤리와 밀접한 관계가 있다는 점은 분명해진다. 영성은 단순히 종교적 헌신이나 영적 수행에 관한 것이 아니라 어떻게 하면 도덕적으로 살 것인가에 관한 것이다. 마찬가지로 윤리는 옳고 그른 행동에 관한 것이 아니라 사람들의 성격 구성에 관한 것이다. 다시 말해 영성과 윤리는 둘 다 기본적인 인간성의 질에 초점을 맞춘다. 현대의 영성과 윤리는 점점 더 '미덕'

과 '성격'에 대한 이해를 추구한다. '미덕'은 온전한 인간이 될 수 있는 자질을 포함하며 본성에 맞게 행동하는 힘을 암시한다. '성격'은 완전히 실현된 사람이 되기 위해 단순히 행하기보다 우리가 되고자 추구하는 어떤 것을 의미한다.

자주 인용되는 아리스토텔레스의 유명한 책《니코마코스 윤리학》을 읽어 보면 도덕적 미덕을 갖춘 사람의 주된 특징이 영적인 것임을 알 수 있다. 아리스토텔레스에게 지혜와 지식은 창의성과 열린 마음을 뜻한다. 용기는 성실함을 포함한다. 인간성의 함양은 사랑 그리고 사회적 선을 위한 헌신을 포함한다. 정의의 개념은 공정함과 공손함을 포함한다. 절제는 신중함과 겸손함을 포함한다. 마지막으로 초월은 삶에 대한 희망과 감사로 가득하다.

다음 장의 주제인 '사회의 영성'은 이번 장과 자연스럽게 이어진다. 5장에서는 때때로 영성이 어떻게 삶에서 사회적 관점을 가르치는지 살펴볼 것이다. 20세기 말 몇 가지 영성의 형식은 명백한 사회적 불평등에 직면하면서 네 번째 '유형'인 예언적-비판적 영성을 낳았다.

"영성은 세상을 살아가고
일상을 변화시키는 방식에 관한 것이다."

5장 사회의 영성

영성의 추구는 본질적으로 개인의 문제로 여겨지지만, 이는 세계종교에서 나타나는 영성의 양식과 맞지 않는다. 이번 장에서는 영성이 개인적이라는 불균형한 인상을 바로잡기 위해 두 가지 방향으로 나아간다. 첫째, 위대한 종교적 영성이 어떻게 폭넓은 사회적 인식을 키우는지를 논의한다. 앞으로 보겠지만 20세기 들어 뚜렷한 예언적-비판적 유형의 영성이 탄생했다. 이는 기독교에서 특히 두드러지며 다른 종교에서도 나타난다. 예를 들어 1930년대부터 유럽에서는 '정치적' 영성이 나타났고, 1960년대부터는 다른 형식의 해방 영성이 나타나기 시작했다. 이 장에서는 또한 종교 밖의 영성에 대한 현대적 이해가 어떻게 개인의 자아실현에 대한 관심을 넘어 건강관리, 경제, 도시 사상과 실천, 사이버 공간의 중요성 증가 등 사회적·공공적 가치에 대한 논의로 옮아갔는지 간략히 살펴볼 것이다.

• 탈근대적 시대정신과 영성: 예언적-비판적 유형

2장에서 언급한 것처럼 영성의 네 가지 광범위한 '유형' 가운데 마지막은 예언적-비판적 유형이라 불리는 것이다. 영성에 대한 이러한 접근법은 일상생활에의 단순한 참여를 넘어 명백한 사회적 비판으로 옮아간다. 그러면서 사회변혁을 순수한 정치적 과제가 아닌 영적 과제로 바라본다.

예언적-비판적 유형의 영성은 역사적 선례가 있기는 하지만 20세기가 되면서 뚜렷한 형식으로 발전했다. 이 시기는 문화적, 사회적, 종교적으로 급진적인 변화의 시기였다. 많은 논평자가 '근대성'에서 '탈근대성'으로의 고통스러운 전환에 대해 언급한다. 이것은 무슨 뜻일까? 일반적으로 '근대성'은 18세기 초에 생겨나 19세기 산업혁명의 기술적 진보로 공고해진 계몽주의 이후의 세계관을 가리킨다. 이것은 이념으로 볼 때 인간의 이성이 모든 문제를 해결할 수 있다는 확고한 신념을 고양시켰다. 이러한 자신감과 함께 질서정연한 세계관, 진보의 필연성에 대한 믿음, 전반적인 낙관주의 정신으로 나아갔다. 20세기 초까지도 합리적이고 안정된 세계에 대한 '근대적' 이해는 견고하고 난공불락으로 보였다. 그러나 급진적인 변화의 씨앗은 19세기 말부터 이미 존재했다. 찰스 다윈의 진화론은 인간 존재가 자연의 나머지 과정으로부터 더는 분리될 수 없다고 제안했다. 칼 마르크스의 저작은 '사회'라는 것의 고정관념에 도전했다. 심리학의 탄생, 특히 지크문트 프로이트의 연구는 인간의 동기가 복잡하다는 것을 드러냈고 인간 이성의 객관성에 의문을 제기했다.

그 후 20세기 동안 두 번의 처참한 세계대전, 세기 중반의 전체주의, 홀로코스트, 히로시마 원폭, 원자핵 시대의 탄생은 기술이 유순하지만은 않으며 비인간성과 재앙적 파괴를 촉진할 수 있다는 사실을 입증했다. 정치적으로는 유럽 제국의 소멸, 소련의 흥망성쇠, 아시아와 아프리카에서 식민주의의 종말, 유엔이나 유럽연합과 같은 평화 및 정치·경제 협력을 위한 국제기구를 만드는 낙관적인 시도 등을 경험했다. 20세기에는 또한 신속한 국제 여행과 통신 혁명(라디오, 텔레비전, 정보기술)이 발전했다. 미국의 민권운동처럼 여성의 평등과 사회적·인종적 소수자의 평등을 위한 사회 변화의 물결이 서구 국가들을 휩쓸었다. 20세기가 다른 어느 세기보다 더 폭력적이거나 더 많은 변화를 겪지는 않았다고 치더라도 글로벌 통신과 신기술의 영향만큼은 단연 새로웠다. 어떤 사건이 일어나면 전 세계적으로 즉각적인 영향력을 미쳤고 사이버 공간에서의 정보교환이 실시간으로 이뤄졌다. 그 결과 이전에는 상상할 수 없었던 빠른 속도로 변화가 일어났다.

따라서 '탈근대성'이란 이전 시대의 단순한 해답과 낙관주의가 더는 불가능한 문화를 뜻한다. 20세기 말, 과거의 고정된 사고와 행동 체계는 분열되었고 세상은 급격히 다원적인 것으로 받아들여졌다. 마찬가지로 '진보'에 대한 서양의 가정도 산산조각 났다. 사람들은 점점 더 진실에 대한 과거의 규범을 의심하게 되었다. 급진적 다양성이 점점 더 인간 존재의 토대로 드러났다.

말할 필요도 없이 이 모든 것이 영성에 큰 영향을 미쳤다.

다음 네 가지 요소가 눈에 띈다. 첫째, 서구 국가들에서 제도 종교가 눈에 띄게 쇠퇴했다. 전통적으로 권위를 가졌던 제도에 대한 광범위한 믿음의 상실로 인한 희생자인 셈이다. 그러면서 영성은 제도 종교와 대비해 내향적 권위의 원천으로 여겨지기 시작했다. 둘째, 이전 시대 종교 간의 굳건한 경계가 허물어지기 시작했다. 영성은 종교 간의 경계뿐만 아니라 종교와 그 밖의 폭넓은 문화와의 경계까지 넘나들고 있다. 셋째, 종교는 진정으로 세계화되었다. 유럽과 북미가 더는 유일한 권력자가 아니고, 이슬람과 같이 과거에는 이질적이던 종교들이 점점 더 존재감을 갖게 되었다. 마지막으로 다양한 영성이 점차 시대를 초월해 종교 안팎에서 동시대의 맥락에 자리잡게 되었다. 그러면서 우리 시대의 위기에 응답하는 이론과 실천 방법을 발전시켰다. 정치적이고 해방적인 영성(다양한 형식의 페미니스트 영성을 포함)이 주목할 만한 사례들이다.

• 정치적 영성

20세기 예언적-비판적 영성의 초기 형태는 '정치적 영성'으로 알려진 것이다. 대표적인 사례가 독일 개신교 목사이자 사상가로서 나치의 정치적 박해로 숨진 디트리히 본회퍼이다. 그는 기독교의 경계를 넘어 전체주의에 대한 저항과 정치적 순교를 상징하는 인물이 되었다. 영성과 관련해 가장 잘 알려진 그의 책은《나를 따르라》로, 그가 '가장 엄격하게 그리스도를 따름'이라고 부르는 것을 포함해 기독교에서 영적 경로를 가기 위한 값진 의무들이 소개되어 있다. 나치당이 부상하는 상황에서 이 책은 정치에 참여하지 않는 영성을 급진적으로 비판했다.

본회퍼에게 값진 제자도란 절제된 기도의 삶과 비판적인 정치 참여, 둘 다를 의미했다. 본회퍼는 태생적 평화주의자였지만 반나치 활동에 참여하게 되면서 나치의 국가교회 통제에 저항하는 사람들의 대안 공동체에 영감을 주었다. 그는 1939년 미국에서 가르칠 기회를 얻어 정착할 수 있었지만, 전쟁이 시작되기 전 동료 독일인들과 연대하기 위해 자발적으로 독일로 돌아왔다. 1943년 히틀러에 저항한다는 음모로 연루돼 게슈타포에게 체포된 본회퍼는 삶의 마지막 2년을 감옥에서 보내면서도 학생들에게 영적 지혜를 주는 많은 편지를 썼다. 바로 위대한 고전《옥중서신-저항과 복종》이다. 본회퍼에게 신비경험이 일어난 장소는 감옥이었다. 그는 전쟁이 끝나기 직전인 1945년 플로센부르크 강제수용소에서 처형되었다.

• 해방 영성

아마도 현대 예언적-비판적 영성의 가장 유명한 사례는 해방 영성일 것이다. 해방 영성은 1960년대 후반 라틴아메리카에서 시작되었으며, 부당한 사회구조에 대한 비판과 이를 극복하기 위한 투쟁을 바탕으로 한 폭넓은 성찰과 실천을 담고 있다. 사회정의를 종교적 영성의 필수 요소로 삼는 것이 해방 영성의 특징이다. 이것은 정의에 대한 관심을 통해 전통적으로 영성이 행해진 방식에 대해 급진적인 의문을 제기한다. 해방 이론은 사회와 종교가 사회적·물질적 빈곤층과 같은 특정 범주의 사람들의 완전한 인간적 존엄성을 훼손하는 구조를 만들어 낸 방식에 의문을 제기한다. 오늘날 해방 영성은 모든 대륙에 존재하며, 본래 기독교가 중심이었으나 다른 종교에서도 나타났다. 이러한 영성은 경제적 빈곤, 인종적 배제, 성 불평등, 성적 정체성, 최근에는 지구환경에 대한 책임의 문제에 초점을 맞춘다.

종교계와 정치권 보수주의자들의 비판과 달리 해방 영성의 기초는 마르크스주의가 아니라 유대교와 기독교의 성서이다. 기독교 복음서 전반에 걸쳐 죽음을 넘는 구원과 승리라는 주제가 나오며, 특히 《출애굽기》에는 선택된 민족을 유배로부터 약속의 땅으로 인도하는 하느님이라는 주제가 등장한다. 해방 영성이 기독교에 기원을 둔다는 측면에서 페루의 신학자 구스타보 구티에레즈는 핵심 인물이다. 그는 페루 리마의 가난한 가정에서 태어나 대학교에 진학했고, 유럽에서 신학을 공부하며 사제로 훈련받았다. 구티에레즈 신부는 대학교에서 학생들을 가르치면서 리마 빈민가 교구에서 살았다. 이러한 이중의 경험을 통해 그는 영적 성찰을 가난한 이들과의 삶에 결합했다. 구티에레즈는《우리의 우물에서 생수를 마시련다》라는 책에서 영성에 대한 자신의 생각을 발전시켰다. 그 중심에는 가난한 이들의 처지에서 말씀하시는 하느님에 대한 경험이 있다. 그는 많은 전통적 영성의 결함, 특히 엘리트주의와 과도한 내면성의 경향을 비판한다. 그런 다음 회심과 연대, 보상 없음과 효과적인 사랑, 기쁨(순교와 고통에 대한 승리라는 주제도 포함), 영적 유년기(가난한 이들에 대한 헌신을 의미), 마지막으로 공동체까지 해방 영성이 갖는 다섯 가지 특징을 제시한다. 구티에레즈에게 진정한 영성은 고립 상태의 개인이 아닌 민족의 영성이다.

영성에 관한 구티에레즈의 또 다른 책은《욥에 관하여: 하느님 이야기와 무죄한 이들의 고통》이다. 구약성서의 욥기에 대한 그의 해석은 기도와 관상이 본질적으로 사회참여와 연관되어 있음을 분명히 강조한다. 구티에레즈의 해석에 따르면 욥은 무고한 자가 받는 고통의 전형적인 사례이다. 그러나 욥은 고난 속에서 하느님과 두려움 없이 마주하고, 그럼으로써 하느님의 무한한 자비를 만난다. 즉 관상, 대면, 해방이 긴밀하게 연결돼 있다. 욥은 하느님으로부터 자신의 저항과 확고한 질문에 대한 명확한 답변을 받지 못했음에도 그가 받은 것은 그가 구한 것보다 훨씬 심오하다. 그렇게 두려움 없는 대면과 관상이 맞물려 있다. 구티에레즈에게 관상은 사회적 실천과 분리되는 것이 아니라 그것의 핵심 요소이다.

다양한 형식의 페미니스트 영성도 해방적인 것으로 간주할 수 있다. 페미니스트 영성은 가부장제가 여성과 남성 모두에게 미치는 부정적인 영향에 대한 비판을, 마찬가지로 이를 비판적으로 인식한 대안적 삶과 통합시키고자 한다.

모든 해방 영성의 핵심 개념은 '가난한 자에 대한 하느님의 우선적 선택'이다. 이는 하느님의 사랑이 보편적이고 무차별적임에도 다르게 표현된다는 점을 암시한다. 이러한 사랑은 내재적으로 기존 질서를 해체해 사람들을 변화시키려 한다. 즉 '가난한 이들(물질적으로 착취당하든 사회적으로 주변화되었든)'은 수동적인 피해자가 되기보다 강력해져야 하며, '부유한 이들(물질적·사회적 지배 집단)'은 모든 이들과의 연대를 위한 회심의 필요를 인식해야 한다.

유대교

유대교에도 사회비판적 영성이 존재한다. 전통 용어로 '티쿤 올람(Tikkun Olam)'은 '세상을 고친다'라는 뜻의 히브리어이며 초기 랍비 시대에서 유래했다. 유대인들은 미츠보트(Mitzvot, 계명 혹은 다른 종교적 의무)[22]의 수행이 티쿤 올람, 즉 세상을 완전하게 하는 데 도움이 되는 수단이라고 믿는다. 유대인들에게 티쿤 올람이라는 말은 스스로 모범적인 사회를 만들 책임이 있을 뿐만 아니라 사회 전반의 복지에 책임이 있다는 것을 의미한다. 이러한 책임은 종교적 측면뿐만 아니라 사회적·정치적 측면에서도 통용된다. 논쟁적인 티쿤 사회정의 운동 진영은 〈티쿤〉이라는 잡지를 발행한다. 이것은 영성과 사회정의 사이의 관계에 대한 두 가지 시각을 보여 준다. 첫째, 사회정의를 이루려는 노력에서 정치적 권리의 옹호와 영적 필요가 균형을 이루어야 한다. 여기서 '영적'이란 말은 이기심과 물질주의 풍조에 맞서는 보다 깊은 인간적 가치를 의미한다. 둘째, 사회정의의 요청은 사랑, 친절, 관대함, 평화, 비폭력, 사회정의, 창조의 영광에 대한 경외심, 감사, 겸손, 기쁨과 같은 가치들을 삶의 중심에 두라는 것이다. 보다 최근에는 미국의 유대인 신학자 마크 H. 엘리스가 《유대교 해방신학을 향해(Towards a Jewish Theology of Liberation)》에서 주장하는 접근법처럼 명백한 유대교 형식을 가진 해방신학도 등장했다. 엘리스는 세계 정의와 평화에 대한 유대교의 잠재적인 기여와 더불어, 구체적으로는 이스라엘-아랍 관계의 치유를 위한 신학적-영적 구조를 제시한다.

이슬람

2장에서 언급한 바와 같이 이슬람, 특히 이란에서는 해방의 종교 사상이 나타났다는 증거가 있다. 알리 샤리아티는 중요한 종교사회학자이자 영향력 있는 지식인이었다. 실제로 그는 샤(Shah, 페르시아어로 왕)를 전복시킨 원조 이란혁명의 핵심 사상가 중 한 명이었다. 라틴아메리카에서 기독교 해방신학에 대한 정치권, 종교계 보수주의자들의 반응과 유사하게 샤리아티는 단지 마르크스주의자로 여겨졌다. 그러나 그는 신앙심이 깊은 인물이었기에 이런 평가는 너무 단순하다. 샤리아티는 자신의 시아 이슬람 신앙과 사회정의 문제들 사이의 대화를 추구했다. 마르크스주의가 이슬람 청교도주의와 혼합되고 종교적 신앙이 사회학 혹은 실존철학과 연관되었다. 샤리아티는 구스타보 구티에레즈 같은 기독교 해방신학자들의 저술에서 영향을 받은 것으로 보인다.

참여불교

마지막으로 '참여불교'는 불교 해방 영성으로 불리기도 한다. 이것은 불교의 명상 수행과 붓다의 가르침을 사회적 불의의 문제로 확장한 현대적 운동 내지 흐름이다. 이 개념은 베트남의 불교 스승 틱낫한과 그의 수행공동체가 베트남 전쟁으로 인한 고통에 대응하려 노력하는 과정에서 등장했다. 이러한 대응은 고전적인 불교 명상이나 마음챙김 수행과 분리되기보다는 그것의 중심으로 들어갔다. 틱낫한은 1973년부터 프랑스의 선 수도원에서 망명 생활을 했고, 몇 년 전에야 베트남 방문이 허용되었다.[23] 그는 서구에 불교 영성을 전파하는 데 큰 영향력을 미쳤고, 세계평화 운동에 적극적으로 나섰으며, 갈등 해결의 매개로 비폭력을 내세웠다.

영성을 사회참여와 연관 짓는 또 다른 불교 스승은 태국의 승려 프라유드 파유토이다. 프라유드는 사원의 주지이자 지적이고 폭넓은 글을 쓰는 작가이다. 특히 여성의 지위, 성 윤리, 환경, 교육, 평화(이 공로로 1994년 유네스코 평화교육상을 받음), 지속 가능한 발전과 같은 사회적 문제가 불교와 어떤 관련이 있는지에 대해 뚜렷한 공적을 남겼다.

• 영성의 사회적·공공적 가치

예언적-비판적 유형의 영성을 넘어 20세기 후반에는 종교 바깥의 영성이란 개념이 등장하면서 공공적 가치에 대한 광범위한 논의가 이루어졌다. 그 가운데서도 보건, 경제, 도시조성, 사이버 공간 등 네 분야에서 영성이란 어휘가 등장하고 점점 많은 내용이 쌓이고 있다. 현재 영성이 다양한 사회적·직업적 맥락에서 사용되는 방식을 보면 이 용어가 특정한 맥락에서의 우선순위를 바꿔 놓는 경향이 있음을 알 수 있다. 예를 들어 보건에서는 '건강'에 대한 의료적 모델을 넘어서 '치유'와 '돌봄' 및 인간 복지에 대한 더 넓은 이해에 많은 주의를 기울인다.

보건의료

보건의료 분야에서는 영성의 언어를 점점 많이 사용한다. 미국, 캐나다, 영국 및 기타 유럽 지역의 센터, 네트워크, 의료단체 및 컨퍼런스를 소개하는 유용한 웹 링크가 많이 있다. 예를 들어 영국에는 영성과 건강에 관한 적어도 세 개의 핵심 기관이 있다. 첫 번째는 더럼대학교의 '영성, 신학, 건강 연구 프로젝트'이다. 다음은 애버딘대학교의 '영성, 건강, 장애 센터'가 있다. 세 번째 왕립 정신의학대학(RCP)에 '영성과 정신의학 특별 이해 그룹'이 있다. 더 멀리 유럽에는 스위스에 기반을 둔 '종교, 영성, 건강에 관한 유럽 연구 네트워크'가 있다. 미국 노스캐롤라이나주 듀크대학교의 '영성, 신학, 건강 센터' 웹사이트에서 이 모든 사이트와 다른 유용한 링크 및 사이트를 이용할 수 있다(더 읽을거리 참고).

영성과 보건의료에 대한 미국의 정의는 영성을 종교적 신앙과 연관시킨 점이 주목할 만하다. 실제로 미국의 건강 연구는 영성과 종교를 독립적으로 정의하기보다 구조적으로 연관시킨다. 예를 들어 미국 의과대학들의 1999년 보고서에는 영성이 건강에 기여하는 요소일 뿐만 아니라 종교나 신에 대한 믿음, 가족, 자연주의, 인본주의, 합리주의, 예술에 참여함으로써 궁극적인 의미를 찾는 개인적 탐구의 표현이라고 언급되어 있다. 영국 왕립 정신의학대학의 '영성과 정신의학 특별 이해 그룹' 웹사이트는 종교에 반대하지는 않지만 보다 중립적이고 인본주의적으로 접근한다. 이에 따르면 영성은 '한 인간의 문화적, 종교적, 심리적, 사회적, 감정적 측면을 통합하고 초월하는 인간적, 개인적, 대인적 차원'을 이룬다. RCP 사이트에는 또한 다양한 종교적 경험과 신비로운 상태에 대한 언급이 있다. 웹사이트 전반에 걸쳐 '삶에 대한 믿음'을 포함하는 영성에 대한 언급이 많이 나온다. 영성은 사람을 '영혼', '정신', '신성함'과 연관시키며, 이것이 영성과 종교를 다른 현상과 구별해 주는 공통분모로 여겨진다.

돌봄의 측면에서 영성은 목적과 희망을 준다. 영성은 사람을 망가짐에서 온전함으로 이동시키는 수단으로 용서와 화해를 권한다. 또한 치유를 이해하는 방법을 넓힘으로써 치유의 경험을 확대한다. 치유의 과정에 사랑의 힘을 도입할 뿐만 아니라 대인관계 치유와 화해의 차원을 제공하고, 공포와 심리를 위협하는 모든 것에 좀 더 효과적으로 맞설 수 있도록 해 준다. 영성은 의학적 치료법이 없는 고통에 대응하는 방법을 제시하며, 고통을 고통스러운 경험인 동시에 인간 성장의 길로 역설적으로 이해하도록 해 준다. 특히 평화, 조화, 편안함, 만족감, 행복감과 같은 심리적 건강의 영역에서 영성이 주는 긍정적인 결과를 측정할 수 있는 수단을 제시하는 자료도 있다. 영성의 효과를 측정하려는 시도는 기도의 효과와 바로 연결된다. 그러나 어떤 논평자들은 이런 접근에 심각한 의문을 제기한다.

전반적으로 건강관리에서의 영성은 순전히 의료적 질병과 치료 모델을 넘어서야 할 필요성에 응답한다. 의료 모델에서는 병을 단순히 유기체의 질병과 연관된 상태로 본다. 병은 전문적으로 정의된 신체적 또는 정신적 능력의 기준에 미달하는 것이다. 이런 의료 모델에서 건강과 병을 정의하는 사람은 의사들이다. 여기에 영성이 도입되면 좀 더 사람 중심의 건강 모델로 나아가게 된다. 사람은 단순한 임상적 증상이 아닌 전체로 보아야 한다. 따라서 영성은 '전체적' 인간이 무엇인지 묻고 개인과 주변 환경 사이의 연결을 더욱 강조한다. 마찬가지로 '병'을 개인과 사회의 맥락을 포함한 복합적인 원인에서 비롯된 것으로 이해한다.

영성이라는 개념에는 분명히 우리 정체성의 일부로서 인간 존재의 영적 차원에 대한 믿음이 있다. 다시 말해 사람은 심리적-영적-육체적 통합체이며 주변 환경과 관계를 맺는다. 그러므로 '병'은 우리에게 필수적인 조화의 부서짐이다. '건강'은 우리의 영적 차원을 포함한다. 그것은 인간의 지향—타인을 향한 지향, 인간을 구성하는 신체·마음·영혼의 통합에 대한 지향—이라는 넓은 개념과 이어진다. 좋은 삶(Well-being)은 우리 삶의 전체성을 고려하며, 건강은 임상적 치료 이상의 것으로 반드시 고통을 배제하지는 않는다. 영성은 '영적 고통'이 무엇을 의미하는지, 모든 고통이 꼭 나쁜 것이며 치료되어야 하는지에 대해 다음과 같은 의문을 제기한다. 우리는 모든 문제를 근절해야 하는가, 아니면 단순히 그 문제들이 제시된 맥락을 살펴봐야 하는가? 그 차이는 무엇인가?

건강의 전체론적 모델 개념과 함께, 무엇이 '영적 돌봄'을 구성하는지에 관한 질문이 나온다. 요즘의 변화는 누가 영적 돌봄을 제공하는지에 관한 질문과 관련이 있다. 점점 더 성직자의 고유한 영역을 넘어 임상의와 간호사가 영적 돌봄 역할을 맡게 된다. 여기에는 두 가지가 필요하다. 첫째, 돌봄 자체가 의료적 판단을 우선시하는 전문 인력들이 수행하는 '임상적 상황'에서의 단순한 대응이 아니라 환자와 함께하는 성찰적 실천이 되어야 한다. 둘째, 성찰적 돌봄은 의료시설에서 영성의 문화를 조성하고 보건의료 전문가들이 자신의 영성에 관심을 갖는 것을 전제로 한다. 전반적으로 영적 돌봄은 보살핌을 받는 사람의 영성을 기르는 것을 의미하는 한편, 보살피는 사람과 그들이 제공하는 돌봄의 영성도 똑같이 중시한다.

경제

상업 세계와 경영대학원에서도 영성에 대한 관심이 증가하고 있다. 여기에서는 경제학 그리고 사회에서 경제학의 역할을 고려하는 데 영성을 도입하려는 시도가 이루어진다. 하나의 사례가 유럽에 기반을 둔 국제포럼 SPES(Spirituality in Economics and Society)이다. 이 포럼은 사회경제적 활동에 종사하면서 영성을 순수하게 사적이고 개인적인 선(Good)이 아닌 공공적이고 사회적인 선으로 만드는 데 관심을 둔 개인, 학술단체, 가치 중심적인 조직들의 모임이다.

이들은 경제와 관련된 영성의 본질과 가치에 대해 두 가지 믿음이 있다. 첫째, 현대의 맥락에서 영성은 개인의 사적 영역에 국한되어서는 안 되며 사회적·공공적 효과를 가진 공적 가치로 재인식되어야 한다. 둘째, 영성은 종교를 반대하거나 배척하지 않으면서 효과적인 세속적 의미를 찾을 필요가 있다. 즉, 제도적 신앙이 가진 좁은 선입관을 넘어 세계의 인간화에 집중하는 것이다. SPES는 사람들의 의미에 대한 추구와 사회·경제 분야에서의 일상 활동을 연결한다는 관점에서 영성에 접근한다. 이 포럼은 유럽 인격주의[24] 철학에서 부분적으로 파생된 영성 기반의 인문주의를 촉진하고, 영성을 사회윤리에 대한 풍부한 이해와 연관시키면서 유럽과 세계의 더 나은 미래를 건설하기 위한 작업의 핵심 가치로서 '희망'을 촉진한다. 철학적 '인격주의'는 인간 존재와 목적에 대한 도구화된 이해에 반대한다. 사람은 착취의 대상이 아니라 존중의 대상이기 때문이다.

SPES는 연구와 활동에서 세 가지 핵심 영역을 내세운다. 먼저 '영성과 검소함의 경제학'은 21세기 첫 10년간의 주요한 세계 경제위기에 대응하고자 한다. 이 연구는 다음과 같은 질문을 던진다. 어떻게 하면 검소함의 개념을 사적·공적 덕목으로 다시 도입할 수 있는가? 그것이 경제생활에 새롭게 접근하는 데 어떤 영향을 미치는가? 사업의 지속가능성, 소비 윤리, 사회정의와는 어떻게 연관되는가? 어떤 종류의 사회적-영적 실천이 새로운 검소함을 발전시킬 수 있는가?

두 번째 연구 분야인 '유럽의 영적 정체성'은 영성이 유럽 재활성화를 위한 새로운 사고의 핵심 요소가 될 필요가 있다고 제안한다. 주요 질문은 다음과 같다. 유럽의 '영혼'은 무엇인가? 유럽의 정체성 위기를 극복하기 위해 어떻게 영적 정체성의 감각을 만들어 낼 것인가? 유럽 통합 과정에서 발생한 '영적 손실'은 무엇이며, 이를 어떻게 극복할 수 있는가? 어떤 영적 자원이 간과되었으며 사회적·경제적 영역에서 이용 가능한가?

마지막으로 '세계화와 공동선'에 대한 연구는 고대 그리스와 기독교 철학에서 발전한 공동선의 개념에 초점을 맞추고 있다. 이 연구의 모토는 '모두를 위한 선은 각자의 선의 열쇠이다'라는 말로 요약할 수 있다. 동시에 '공동선'을 추구하는 고대의 미덕은 글로벌화, 그로 인해 발생하는 환경문제 및 점점 심해지는 사회적-경제적 분열에 미치는 영향이라는 맥락에서 재정의되어야 한다.

도시

사회적·공공적 가치와 관련되는 영성의 세 번째 사례는 도시의 미래에 관한 것이다. 최근 영성과 건축, 영성과 도시계획, 도시 영성 같은 주제가 등장하기 시작했다. 예를 들어 '영적 도시'에 대한 건축 콜로퀴움이 열렸다. 세계적인 명성을 가진 도시계획가 레오니 샌더콕은 《코스모폴리스 2: 21세기의 잡종 도시들(Cosmopolis 2: Mongrel Cities in the 21st Century)》이라는 책에서 도시의 '영적인 것'에 관해 썼으며, 도시에서의 직업을 위한 영성을 개발할 필요성을 이야기했다.

세계는 빠르게 도시화하고 있으며 인간 도시의 의미와 미래는 사회적 도전일 뿐만 아니라 주요한 영적 도전이기도 하다. 1950년에는 세계 인구의 29%가 도시 환경에서 살았다. 1990년에 이 수치는 50%로 증가했고, 유엔 통계에 따르면 2025년에는 60%로, 2050년에는 70%까지 증가할 것으로 예측된다. 21세기 초반의 '빅 스토리'는 시골에서 도시로의 전 세계적인 이주이다. 인류는 처음으로 거대 도시화한 세계에 직면하고 있다.

우리가 21세기 도시의 미래와 직면할 때 던져야 할 핵심 질문은 도시가 무엇을 위한 곳인가라는 것이다. 도시가 그저 불가피한 존재가 아니라 어떤 의미를 가지려면, 도시의 문명화 가능성과 그것을 이루는 데 방해가 되는 요소에 대한 더 많은 성찰이 필요하다. 도시는 탁월한 공공영역이다. 플라톤과 아리스토텔레스 시절부터 도시는 인간 공동체의 강력한 상징으로, 특히 공공생활의 패러다임으로 이해되었다. 실용적 관점에서 '공공'이란 무엇을 의미하는가? 낯선 사람들과 교류하고 다양한 사람이 공동의 삶을 구축하기 위해 고군분투하는 맥락이다. 이것은 쉬운 일이 아니다. 하지만 각 도시가 나이, 종족, 문화, 성별, 종교의 차이를 특수한 방법으로 결합한다는 바로 그 이유 때문에 도시는 다양한 물리적, 지적, 창조적, 영적 에너지를 집중시킬 수 있는 능력을 갖는다.

조엘 코트킨은 도발적 연구를 담은 책 《도시, 역사를 바꾸다》에서 역사적으로 볼 때 성공적인 도시들은 안전 제공, 상업의 주관, 신성한 공간의 창조라는 세 가지 중요한 기능을 수행해 왔다고 말한다. 세 번째는 대개 종교 건축물로 나타나지만, 코트킨의 요점은 도시 자체가 인간의 존재와 가능성에 대한 영감을 주는 신성한 장소이거나 그런 장소가 되어야 한다는 것이다. 도시의 신성한 역할은 현대의 논의에서 여전히 무시된다. 그러나 신축 건물, 공공장소, 지속가능성, 정책 의제에 대한 관심보다 더 중요한 것은 사람들이 도시에서의 경험에 두는 가치이다. 성공적인 도시는 결국 영적인 전망을 포용하는 마음 상태에 달려 있다. 코트킨은 전망을 공유하지 않고는 실현 가능한 도시의 미래를 상상하기 어렵다고 말한다.

구조와 공간

도시에서 영적인 것을 증진하려면 공간 구조와 사회-도시의 미덕, 둘 다 고민해야 한다. 우선 인간의 필요에 대한 단순한 공리주의적 이해를 넘어 '세계의 조건'을 제시하는 도시 디자인이 필요하다. 디자인의 질문 중 하나는 경외심과 관련된 것이다. 무엇이 건축물이나 공간을 경이롭게 만드는가? 그것은 디자인 혁신이나 스카이라인을 지배하는 건물의 압도적인 존재감에 대한 순수한 놀라움, 그 이상이다. '경이로움'은 동기와 목적으로부터 나온다. 진정한 존경과 경외는 단지 사회-경제적 엘리트들의 관심을 투영하는 건물이 아니라 사람들의 전반적인 가치와 공공의 삶을 강화하는 건물에서 우러날 가능성이 크다.

영적 도시를 만드는 두 번째 방법은 공공장소를 어떻게 설계하느냐와 관련이 있다. 어떤 건축가들은 '개방적인 공간'이 가진 영적 울림에 대해 이야기한다. 광장과 같은 도시 공간은 사람이 중심이 되는 게 이상적이다. 이런 공간의 기능은 도시계획가나 정치인이 미리 결정하기보다 열려 있어야 한다. '개방적인 공간'은 효율성을 우선시하지 않고 인간의 참여를 유도한다. 또한 포용성을 촉진하고 다양성을 장려하며 통제와 제약이 아닌 창의성과 놀이를 가능하게 한다. 전통적으로 공공장소는 도시와 거주민들에게 물리적으로, 영적으로 지지대 역할을 해 왔다.

마지막 문제는 오늘날 도시에서 거대한 종교 건축물과 같은 신성한 공간이 갖는 지속적인 중요성에 관한 것이다. 앞서 살펴본 것처럼 그런 공간에 대한 지속적인 관심이 존재한다. 이는 다음과 같은 중요한 질문으로 이어진다. 어떻게 신성한 공간의 온전함을 지키면서 폭넓은 접근이 가능하게 할 것인가? 그러한 공간은 어떻게 효과적으로 기능하는가?

21세기 도시의 영적 덕목

도시 영성은 전반적인 삶의 행위와 사람들의 상호작용을 포함한다. 이것은 어떤 덕목의 개념으로 나타난다. 그렇다면 21세기 도시의 덕목은 무엇일까? 도시성이나 시민성 같은 사회적 덕목의 의미는 도시 생활에서 비롯되었다. 어떤 도시 사상가들은 검소함을 논하고, 어떤 이들은 상호성의 새로운 감각과 관련하여 포기와 제한이라는 개념을 내세운다. 상호성은 '공동선'을 위해 개인의 선택이 갖는 절대적인 권리를 포기할 것을 요구한다.

'공동선'이란 무엇일까? 그리스 철학자 아리스토텔레스는 좋은 삶에 적합한 목표의 총계라고 했다. 진정으로 좋은 삶은 타인과 공유하는 그 무엇을 향한다. 개인의 선은 모두의 선과 분리되지 않기 때문이다. 아리스토텔레스를 계승한 중세 기독교 철학자 토마스 아퀴나스는 모든 사람이 추구해야 할 공동선은 결국 신이라고 덧붙였다. 어쨌든 요점은 공동선이 전반적인 인간 복지에 대한 공리주의적 접근과 만난다는 것이다. 아리스토텔레스와 아퀴나스는 공동선을 위해서는 진정한 공동체를 형성하는 사람들 사이의 충성과 애정의 유대가 필요하다고 믿었다. 종교적으로 다원적이고 사회적으로 다양한 도시에서 이는 필연적으로 느린 타협 과정을 포함한다. 따라서 즉각적인 타협이 아니라 의미를 만들고 가치를 창조하며 공통의 영적 전망을 찾아가는 개방적 과정에 대한 헌신이 중요하다. 이는 사회, 민족, 종교의 경계를 넘어 상호 경청하고 발언하는 적극적인 대화 속에서만 일어나기에 이미 진정한 연대의 형식이기도 하다.

사이버 공간

영성과 사회적 가치를 살펴보는 이번 장에서, 마지막으로 정보기술의 발전은 21세기 영성에 대한 주요한 도전이다. 이제 '사이버 공간'은 글로벌 통신망 전체와 그것의 다양한 문화를 설명하는 관습적 용어가 되었다. 이 새로운 문화는 영적 욕망을 추구하는 주요한 맥락이다. 기본적으로 인터넷은 현재 영성을 보급하는 가장 중요한 매체 중 하나이다. 모든 형식의 영성에 대한 방대한 자료가 웹상에 존재하며, 온라인에서 영적 지도를 받거나 수련을 할 수 있다. 또한 웹은 인간의 연결, 소통, 거주가 가능한 새로운 사회적 공간인 사이버 공간을 창조한다. 이것은 우리가 존재하는 방식과 권장하는 가치를 변화시킨다. 소셜 네트워킹은 페이스북과 트위터 같은 대중적인 네트워크뿐만 아니라 다수의 개인 블로그를 통해 점점 더 중요해지고 있다. '테크노-수도원주의(Techno-Monasticism)'라는 신조어는 3차원 공간에서의 연결과 비교해 엄청나게 넓은 네트워크를 제공하는 새로운 형태의 가상 공동체를 암시한다. 실제로 일부 논평가들은 사이버 공간이 수천 마일 떨어진 장소나 사람을 '방문'할 수 있게 해 주며, 신체적·물질적 공간의 한계를 넘어 일종의 초월적인 영역으로 접근할 수 있게 해 주는 '형이상학적 입구'라고 말한다. 이런 새로운 '너머'를 언급할 때는 유사 신비적 언어가 사용된다.

그러나 사이버 공간은 모호한 측면도 있다. 인간의 능력을 향상해 주는 잠재력을 가진 한편, 우리를 잘못 이끌 수도 있다. 사이버 공간은 실제로 우리가 있는 곳을 떠나지 않고도 인생을 바꿀 만한 만남이 이뤄질 수 있다는 착각을 일으킨다. 마찬가지로 사람들은 인터넷에서 현실과 다른 모습으로 자신을 드러낼 수 있다. 시각, 접촉, 신체적인 만남 없이 한 사람을 완전히 알 수 있을까? 그런 의미에서 사이버 공간의 확장은 자신의 정체성을 어떻게 형성할지를 놓고 세심한 분별이 요구되는 심오한 영적 문제를 낳는다. 그럼에도 사이버 공간의 힘과 잠재력이 끊임없이 증가하고 있음은 틀림없다.

• 결론

'사회의 영성'에 대한 간략한 소개를 끝으로 영성에 대한 세 가지 핵심적 접근을 설명한 연속적인 장을 마무리한다. 다음 장에서는 1장에서 언급한 '영성'과 '종교'의 관계에 대한 문제로 돌아가 이를 자세히 알아본다. 두 가지를 철저하고 완전하게 구분할 수 있는지 혹은 그것이 도움이 되는지에 관한 질문뿐만이 아니라, 영성이 어떻게 서로 다른 종교 간의 대화를 발전시키는 데 필수적인 측면이 되었는지를 살펴볼 것이다. 서로 다른 종교 전통이 배타적이지 않고 상호 공유할 수 있는 영적 지혜가 있다는 인식이 점점 더 커지고 있다. 이것은 '이중 소속(Dual Belonging)', 보다 엄밀히 말하면 '초종교영성(Interspirituality)'으로 알려진 새로운 현상의 출현으로 이어진다.

6장 영성과 종교

이미 살펴보았듯이 '영성'이라는 단어는 모호하고, 일단 종교의 형식에서 벗어나면 정의하기 어렵다. 영성과 종교를 명확히 구분하는 경우도 있지만 그다지 유익하지 않다. 이런 양극화된 관점은 더 넓은 그림을 고려할 때 너무 무비판적이다.

현대 문화에서는 영성이 진화하면서 종교를 대체하는 중이며, 이는 '종교'보다 '영성'이 오늘날의 필요에 더 잘 맞기 때문이라는 일부 분석도 있다. 그러나 사안을 이렇게 설명하는 데는 몇 가지 문제가 있다. 우선 이런 진화론적 관점은 인간 존재가 불가피하게 계속 진보한다는 오래된 믿음에 의존한다. 역사 공부가 우리에게 가르쳐 주는 것이 있다면 진보에 대한 그러한 가정 그리고 과거와의 절대적 단절이 대단히 의심스럽다는 점이다. 현재의 종교에 대한 뭉뚱그려진 질문도 모호하기는 마찬가지다. 서구 사회의 상당수 사람이 제도 종교와의 동일시를 멈추고 전통적인 맥락 바깥에서 다양한 영적 이론, 경험, 수행을 탐구하는 것은 사실이다. 하지만 다른 사람들, 종종 젊고 지적인 이들이 궁극적인 가치와 의미의 탐구에 대한 해답으로 매우 보수적인 형태의 종교를 선택하는 것도 사실이다. 종교의 보편적인 쇠퇴를 말하는 것은 문화적으로도 의심스럽다. 유럽과 북미라는 좁은 경계를 넘어가면 관습적 종교가 명백히 종말을 맞고 있다는 평가는 매우 부정확하다.

'영성'을 '종교'와 구별하는 데는 두 가지 문제점이 있다.

둘 다 정의와 관련이 있다. 영성과 종교를 어떻게 정의해야 할까? 첫째, 영성은 체계적 믿음과 구별되는 일련의 수행, 때로는 특수하게 영적이고 때로는 일상적 틀을 가진 수행으로 간주된다. 그러나 현대의 영성이 어떤 종류의 믿음과도 뚜렷이 구분될까? 세속적 접근법을 포함한 영성에 대한 모든 접근법이 이른바 '삶에 대한 믿음'에 근거한다는 사실은 분명해 보인다. 또한 영성에 대한 현대의 접근법은 실제로 가치들(예를 들어 영성과 보건의료에 대한 논의에서 인간의 '좋은 삶'을 추구하는 것)과 자유롭게 결합한다. 그런데 이러한 가치들은 인간적 삶의 본성과 목적에 대한 선험적인 가정, 다른 말로 믿음에 근거하기보다 독립적인 것처럼 취급되는 경향이 있다. 현실에서 모든 사람은 암묵적이라 할지라도 어떤 종류의 세계관을 가지고 있다. 세계관은 자명하지 않은데, 만약 그렇다면 모든 사람이 같은 세계관을 가질 수도 있을 것이다. 하지만 세계관을 아무리 느슨하게 정의하더라도 그것은 어떤 믿음의 틀에 기반을 두고 있다. 그러한 믿음 체계는 대체로 어린 시절의 가족 구성, 개인적인 삶의 경험, 태어난 사회의 역사적·종교적 토대에서 비롯된 일정 범위의 사회적·문화적 영향과 같은 요소들이 혼합되면서 만들어진다. 영국의 종교사회학자 키어런 플래너건이 지적했듯이 현대적 형식의 영성은 전통적인 종교의 비판으로 출발했지만 동시에 대체 종교가 되어 가는 과정에 있다는 징후가 있다.

둘째, '종교'와 관련하여 종교와 영성의 명확한 차이는 종교에 대한 환원주의적 관점, 심지어 희화화에 있다. 현대의 영성 현상에 대한 유명한 논평자인 미국의 필리스 티클은 더 깊은 현실이 무엇이든 간에 종교는 대중의 마음속에서 복잡한 교리 체계, 도덕적 심판, 권위주의와 성직자 계급, 사회적 기대의 제약, 종교 집단의 건물·돈·행정체계에 대한 과도한 관심 등과 폭넓게 연관되어 있다고 지적한다. 그러나 좀 더 섬세하게 보면 모든 종교는 근본적으로 영적 전망에 기초하고 있다. 종교는 영적 여행을 위한 지도나 경로를 제공하는 다양한 영적 전통을 만들어 냈다. 종교의 제도화는 역동적인 지혜의 전통으로 시작된 것을 나중에 화석화하는 경향이 있다. 그런 점에서 많은 신앙인이 제도 종교에 불만을 느끼지만, 이것이 서유럽의 기독교처럼 역사적으로 큰 영향력을 미친 종교 신앙이나 문화로부터 영성을 완전히 분리시키는 것은 아니다.

영성에 대한 현대적 갈망으로 인해 전통과 믿음에서 이탈한 영성을 취향에 따라 선택하는 것은 위험할 수 있다. 유동적인 영성은 헌신이라는 문제를 비켜 가는 경향이 있다. 어떤 이들은 여기에 매혹을 느끼지만, 인류의 선이라는 더 넓은 관점에서 볼 때 이는 그러한 영성이 가지는 약점 중 하나이다. 종교에서 이탈한 영성에 대한 접근은 또한 전통 종교들이 오랫동안 고도로 발달시킨 영적 지혜가 전해 주는 방식처럼 인간의 의미와 관련된 근본적인 질문들을 효과적으로 다루지 못한다. 더 중요한 것은, 선택이나 절충이 가능한 영성은 아직까지 제대로 된 틀과 언어를 제공하지 못한 채 여전히 불균형한 수준의 '성스러운 것' 혹은 '신성한 것'의 개념을 만들어 가는 과정이어서 선과 악을 구분하는 데 도움이 되지 못한다. 영성에 대한 자유로운 접근이 개인의 성취, 행복, 만족, 자아실현을 무비판적이고 이기적으로 이해하는 것을 어디까지 막을 수 있는가 하는 문제 역시 심각하다. 이러한 욕망은 그 자체로 잘못은 아니지만, 어떠한 판단 기준이 없다면 너무 쉽게 자기중심적으로 빠질 수 있다.

• 바람직한 영성의 판단 기준

영성과 관련된 판단 기준이 필요하다는 점은 나치즘이나 이탈리아 파시즘에서 행해진 유사 종교적 의례와 유사 신비적 측면을 보면 명확해진다. 때로 이것은 '영성'의 형식으로 묘사되었다. 매우 극단적인 경우이긴 하지만 진정한 영적 가르침, 수행, 운동과 이른바 '반(反) 영성'을 구별하는 것은 지극히 중요해 보인다. 어떤 종교 사상가들은 종교와 유사종교 운동을 평가하는 기준을 개발하기도 했다. 이 기준들은 영성에 대한 세속적 접근을 평가하는 수단으로도 유용하다.

이 문제에 대해서는 두 가지 차원으로 접근하면 좋겠다. 첫째, 영적 경험·수행·가르침의 형식이 인간 존재에 대한 현대사회의 적합한(실제와 부합하는) 이해와 일치하는가? 여기에는 사회적·심리적·과학적 측면 등이 있다. 이러한 접근법을 '적합성(Adequacy)의 기준'이라고 한다. 이처럼 기본이 되는 인간적 차원을 넘어 인간의 삶에 대한 특정한 종교적·철학적 이해의 충실성과 관련된 차원이 있다. 이러한 접근을 '적절성(Appropriateness)의 기준'이라고 한다. 영성에 대한 특정한 접근법이 예컨대 불교 신자, 기독교 신자, 인본주의자가 되려는 것이라면 해당 전통에 대한 폭넓은 이해에 비춰 판단해 볼 필요가 있을 것이다.

적합성이라는 기준을 적용하는 것은 영성을 세속적 규범으로 환원하는 게 아니다. 그보다는 영성이 인간 지식의 발전과 무관하지 않다는 뜻이다. 영성에 대한 접근은 인간의 진보를 과신했던 (계몽주의적) 관점이 최근의 고통스러운 역사적 사건으로 인해 훼손되었다는 사실도 간과하면 안 된다. 간단히 말해서 우리는 우주론, 진화론, 심리학, 사회과학, 정치학이 열어 놓은 새로운 세계를 고려해야 한다. 마찬가지로 홀로코스트와 히로시마의 참상을 겪은 뒤의 영성은 결코 이전과 같지 않을 것이다.

적합성에는 크게 세 가지 기준이 있다. 먼저 모든 영적 경험이나 영성은 의미가 있어야 한다. 즉, 인간의 공통 경험에 적합하게 뿌리 내려야 한다. 따라서 이런 질문들을 던져 볼 수 있다. 인간 경험의 어떤 측면을 어떤 영성으로 표현하는가? 그것이 흔히 이해되는 현실과 관련이 있는가? 둘째, 인간 경험에 대한 영적 이해는 일관성이 있어야 한다. 모든 영성은 의미를 드러내려 한다는 점에서 일부 합리적인 주장을 포함한다. 여기에서 가능한 질문은 다음과 같은 것들이다. 그 주장들을 일관성 있게 설명할 수 있는가? 또 일반적으로 수용되는 과학 지식의 주장과 일치하는가? 셋째, 어떤 영성이라도 인간 존재를 가능하게 하는 근본 조건들을 밝혀 줄 필요가 있다. 영성에 대한 이러한 접근이 삶에 대한 인간의 확신이 실제로 가치가 있는지에 대해 말해 줄 수 있는가? '공동선'에 대한 이해가 최소의 요건이라는 것을 인정하는가? 인간 세계에서 존재의 가능성을 위한 근본적인 조건을 확인해 주는가?

특정한 종교나 철학의 관점, 즉 적절성의 기준으로 눈을 돌려 보면 일반적인 접근법과 특별한 접근법 두 가지가 있다. 종교적 또는 철학적 연결을 주장하는 모든 영성은 완전히 사랑을 바칠 만한 가치가 있는 하느님 또는 헌신할 가치가 있는 궁극적인 실재의 개념과 연관되어야 한다. 주어진 영성이 단지 개인적이고 사적인 경험을 제공하는가, 아니면 더 넓은 경험과 삶의 공동체와의 연결을 촉진하는가? 이 질문은 소위 뉴에이지 수행이 사회적 헌신과는 분리된 경험을 제공하거나 새로운 종교운동이 특권을 가진 창립자들에게만 통찰력을 주는 것처럼 보이는 세계에서 특히 더 중요하다.

좀 더 구체적인 기준은 특정한 종교 또는 철학의 관점에 따라 다르다. 종교의 경우 하느님이나 절대자에 대한 이미지가 특히 중요하다. 예를 들어 유대교, 기독교, 이슬람과 같은 유신론적 종교와 관련된 영성이 있다면 이렇게 물을 수 있다. 그것이 인류가 성장하고 변화하도록 촉구하며 존재의 궁극적 희망을 제공하는 유대 예언자들, 예수 그리스도·무함마드의 삶과 가르침을 통해 인간의 조건에 관여하는 인격적 하느님에 대해 효과적으로 말하고 있는가? 아브라함계 종교의 관점에서 볼 때, 영성은 한편으로 하느님의 창조라는 근본적으로 긍정적인 측면에서 물질세계의 질서를 묘사할 필요가 있다. 그러나 다른 한편으로는 인간의 열망을 단지 지금 여기의 행복이나 물질적인 성공에 국한하지 않음으로써 분명히 초월적인 차원을 가져야 한다.

종교나 철학의 관점은 또한 인간 본성을 각각 특수하게 이해한다. 예를 들어 아브라함계 신앙의 관점에서는 육체를 성가신 것이나 환상이 아니라 긍정적으로 바라보아야 한다. 따라서 다음과 같은 질문들을 던져 볼 수 있다. 그것이 인간의 감정을 어떻게 판단하는가? 고통을 어떻게 바라보는가? 인간의 일을 어떻게 바라보는가? 성에 대한 균형 잡히고 건강한 평가가 있는가?

기도나 명상 같은 영적 수행이 모든 영적 전통에서 나타난다는 점을 강조할 필요는 없다. 다만 이런 질문들을 던져 볼 수 있다. 영적 수행에 대한 접근법이 엘리트적인가 아니면 평등한가? 생활양식의 위계 구조가 있는가, 예를 들어 금욕적-수도원적 양식이 영성의 일상적 양식보다 더 높게 평가되는가? 명시적인 영적 수행과 일상의 행동 사이에 건강한 균형점이 있는가?

• 순수함 그리고 역사적인 영적 전통

오래된 종교 전통에서 영성을 생각해 보면, 그러한 영적 전통이 완전히 '순수'한 적이 있었는지에 대한 흥미로운 질문이 생긴다. 이것은 특정 신앙을 가지면서 여러 종교에 활발히 참가하는 요즘 세계에서 특히 중요한 질문이다. 서로 다른 종교와 각각의 영성은 자신의 독특함과 배타성을 주장하는 경향이 있다. 예를 들어 이슬람과 기독교는 완전히 구분되며, 각자의 관점에서 자신만이 '진리'라고 여겨 왔다.

이를 위해 각 종교의 영성에 대한 역사적 해석은 종종 급격한 불연속성과 전통 간의 차이를 강조해 왔다. 이러한 생각은 서로 다른 종교의 경계를 가로지르는 상호영향과 차용이라는 관념에 절대 동조하지 않는다. 하지만 그러한 사실을 분명히 보여 주는 역사적 사례가 있다. 중세 스페인에서 유대 신비주의, 이슬람 신비주의, 기독교 영성과 신비주의가 가졌던 상호영향력에 관한 것이다. 이슬람이 기독교에 미친 영향의 대표적 사례로는 13세기 카탈루냐의 기독교 사상가 라몬 룰을 들 수 있다. 종교역사학자들은 그가 단지 무슬림들을 개종시키기 위해 아랍어를 배웠다고 추측해 왔으나 지금 와서 보면 문제가 다소 복잡하다. 이슬람 사상과 그의 신비주의 저작을 두루 살펴보면, 과거에 생각한 것보다 둘 사이에 훨씬 많은 대화가 이루어진 것으로 보인다. 특히 그는 위대한 무슬림 사상가 알-가잘리의 영향을 많이 받았다. 《사랑하는 이와 사랑받는 이의 책(The Book of the Lover and Beloved)》에서 라몬 룰은 자신이 수피들에게 영감을 받았음을 분명하게 인정한다.

라몬 룰 외에도, 최근 기독교도와 무슬림의 상호작용에 대한 연구가 진행되면서 영적 계몽을 강조한 안달루시아 수피즘이 기독교도뿐만 아니라 많은 유대교도에게 영향을 주었다는 사실이 밝혀졌다. 16세기 알룸브라도스(Alumbrados), 즉 '계몽된 자들'로 알려진 신비주의 단체와 프란치스코회의 프란치스코 데 오수나, 베르나르디노 데 라레도 같은 주류 영성 작가의 관계도 비슷하다. 이들은 카르멜회 신비주의자이자 교회 개혁가인 아빌라의 테레사(Teresa of Avila)에게 영향을 주었다. 테레사가 유대인 가정 출신이며, 그녀의 태생이 과거에 생각한 것보다 그녀의 삶에 훨씬 큰 영향을 주었다는 사실도 주목해야 한다. 더 흥미로운 것은 카르멜회 신비주의 신학자이자 스페인 시인인 십자가의 요한(John of the Cross)의 언어와 상징성에 수피즘이 미친 영향을 놓고 벌어진 논쟁적 재평가이다. 예를 들어 그의 시 〈살아 있는 사랑의 불꽃(Llama de amor viva)〉에서 황홀한 불길과 타오르는 사랑의 불꽃이라는 개념, 그의 산문 〈영적 기도서 성가(The Spiritual Canticle)〉에서 흐르는 물과 영혼의 샘 이미지는 이슬람의 영향으로 평가된다. 이그나티우스 로욜라의 《영신 수련》에 나오는 '숨결의 기도' 역시 수피즘에서 기원했을 가능성이 점쳐진다.

• 종교 간의 대화

20세기 종교 간의 대화와 화해는 각 종교 신앙이 전통문화의 기반에서 벗어나 점점 세계화되면서 더욱 활발해졌다. 종교적으로 다원화된 세계에 대한 인식의 증가, 문화적 다양성의 존중에 대한 약속, 세계 일부 지역에서 종교적 반목과 폭력 사이의 밀접한 관계를 해결할 필요성 등이 대두되기 시작한 것도 종교 간의 대화에 큰 영향을 미쳤다. 종교 간의 대화는 한때 지적인 토론이 주를 이뤘다. 그러다 최근에는 특히 기독교와 불교, 기독교와 힌두교 사이의 강한 영적 또는 경험적 차원에서의 만남으로 발전했다. 대표적인 인물로 1960년대 베네딕도회 수사 J.M. 데샤네는 많은 서양인이 요가의 목적과 기술을 익히고 명상 과정에서 신체를 다시 활용하는 데 도움을 주었다. 더 최근에는 역시 베네딕도회 수사인 영국인 존 메인이 힌두교 구루인 스와미 사티야난다와의 만남을 통해 힌두교의 만트라 암송과 고대 기독교 수도원의 기도법 사이의 연관성을 발견했다. 존 메인은 광범위하고 영향력 있는 세계 명상 운동의 창시자로 알려져 있으며, 그의 사후에는 로렌스 프리먼 수사가 이 운동을 이끌었다.

다른 기독교인들은 좀 더 지속적으로 종교 간의 영성 대화에 참여해 왔다. 예를 들어 일본에서 이뤄진 선불교와 기독교의 대화는 휴고 에노미야 라살레(훗날 선사가 됨), 카도와키 가키치, 윌리엄 존스턴이 속한 예수회가 주도했다. 인도에서는 프랑스인 신부 쥘 몽샤냉과 그의 베네딕도회 동료 앙리 르 소(이후 스와미 아비쉬크타난다로 알려짐)가 비슷한 역할을 했으며, 영국의 베네딕도회 수사 베데 그리피스가 그 뒤를 이었다. 수도원 생활은 종교 간의 만남과 영적 수행 경험의 공유에 특별히 도움이 되었다.

틱낫한 선사의 '참여불교' 운동은 그가 토머스 머튼, 로마 가톨릭 사제이자 평화운동가인 댄 베리건 등 사회의식을 가진 기독교인들과 접촉한 데서 큰 영향을 받았다. 더 최근에는 '종교 간 영성 연구를 위한 에르메스 재단 포럼'과 같은 단체들이 세계종교 전통들의 집합적 지혜에서 나온 영성의 공통 언어를 만들고자 노력했다. 심지어 교황 요한 바오로 2세 같은 공적 종교 지도자가 기도를 통한 일치의 가능성을 확인하고자 1986년 아시시에서 다른 종교 지도자들과 함께 회합을 열었다가 논란이 되기도 했다. 나아가 종교 간 영적 대화는 공동의 사회적 행동으로도 이어졌다.

영성은 모든 신앙인의 삶에서 중요한 위치를 차지한다. 실제로 영성이 여러 종교 사이에 특히 강력한 연대의 지점이 된다고 주장하는 사람들도 있다. 모든 제도적 표현의 배후에 자리한 영성은 여러 종교의 핵심으로 도덕적 삶과 종교적 경험, 영적 변화의 과정에 초점을 맞춘다. 종교 간 만남을 오래 경험한 이들은 영적 지혜와 수행을 공유하려는 노력을 통해 각 종교 구성원들이 다른 종교의 가치를 깨달을 뿐만 아니라 자신의 신앙을 새로운 방식으로 이해하게 된다고 말한다. 공통의 성찰과 수행의 공유는 각 신앙이나 수행 간의 차이를 지키면서도 각 종교가 본질적으로 다르다는 사람들의 완고한 인식을 바꿔 주는 영적 '공통분모'를 형성한다는 점에서도 중요하다. 또한 영성은 인간됨이 무엇을 의미하는지를 이해하는 중요한 표현이기도 하다. 그래서 영성을 통한 대화는 신앙의 내용과 관련되면서도 인간성에 대한 공통 감각을 강화한다.

두말할 나위 없이 명상이나 전례 차원에서 이뤄지는 종교 간의 만남은 영적 가능성의 넓고 새로운 세계를 열었고, 영성에 대한 보다 열린 접근을 가능하게 했다. 예를 들어 아시아의 기독교 예배는 협의의 서양식 예배를 넘어 더 개방적이고 상상력이 풍부한 문화 형식을 만들었다. 그러나 이런 경험적 차원만으로는 충분하지 않다. 정확한 방식의 영적 만남을 추구하려면 (어느 정도 융합이 이뤄지더라도) 특정한 신앙 전통의 집합적 온전함을 유지하는 가운데 좀 더 조심스러운 대화가 이뤄져야 한다. 마찬가지로 영적인 전통 간의 공유와 차용은 정당성에 대한 다음과 같은 질문들을 제기한다. 한 종교 전통이 자신의 영적 자원을 공유한다는 것은 무슨 뜻인가? 스스로를 넘어선 영적 자원을 수용한다는 것은 무슨 뜻인가? 그것은 무언가가 부족하다는 의미인가? 정확히 무엇을 공유하는 것인가? 바탕에 있는 종교적 내용은 드러나지 않은 채 영적 수행의 형식만을 공유하는 것인가? 혹은 신앙 사이에 구조적 유사성이 있다는 사실의 드러남인가? 영적 수행의 공유는 궁극적으로 신앙을 공유하는 아량까지 요구하는가?

• 종교 간 영성의 상징적 인물

현재의 달라이 라마(The 14th Dalai Lama, Tenzin Gyatso)는 영적 가르침과 수행을 통한 종교 간의 대화에서 세계적인 인물이다.

그는 세계에서 영적으로 가장 영향력 있는 사람 중 한 명으로 손꼽힌다. 그는 불교철학 박사학위에 준하는 수행자로서의 지위를 얻었으나, 1959년 티베트를 떠나 인도 북부 다람살라에서 망명 생활을 하고 있다. 티베트 망명정부의 정치 수반이었던 그는 많은 책을 썼고, 정기적으로 공개 강연을 했으며, 미국 방문 교수를 지내기도 했다. 1989년에는 노벨평화상을 수상했다. 불교 스승으로서의 역할 외에도 달라이 라마는 모든 종파의 기독교인, 유대인 랍비와 지도자들, 최근에는 무슬림과 함께하는 '커먼 그라운드 프로젝트(Common Ground Project)' 같은 종교 간의 대화에 상당히 헌신해 왔다. 중요한 것은 달라이 라마가 영적·철학적 문제에 국한되지 않고, 영적 스승으로서 환경에 대한 태도나 어떻게 하면 모두를 위한 경제체제를 건설할지와 같은 우리 시대의 사회적·윤리적 문제에 관여해 왔다는 점이다.

토머스 머튼은 20세기의 가장 인기 있고 영향력 있는 영성 저술가 중 한 명이다. 그는 뉴질랜드와 미국계 혈통으로 프랑스에서 태어났으며 영국 기숙학교, 케임브리지대학교, 뉴욕 컬럼비아대학교에서 교육받았다. 다소 쾌락적인 삶을 살다가 강렬한 종교적 회심을 경험했고 켄터키주에 있는 시토회(트라피스트) 소속 겟세마니 수도원에 들어갔다. 이후 1968년 기독교와 불교 간의 대화를 위해 아시아를 방문하던 중 사고로 사망할 때까지 그곳에 머물렀다. 머튼은 다양한 장르의 많은 작품을 쓰면서 관상적-수도적 삶과 기독교의 신비주의 전통을 동시대의 모든 신앙인과 무신론자들에게 쉽게 풀어 설명했다. 특히 사회정의, 인권, 세계평화에 대한 헌신, 기독교와 불교 간의 대화에 특별히 공헌한 것으로 유명하다. 종교 간의 대화에 대한 그의 헌신은 참자아(True Self)란 오직 '타자'와의 연대를 통해서만 존재한다는 믿음으로부터 나왔다. 참자아는 분리나 영적 우월성의 벽 뒤에 숨기보다 취약한 상태로 내맡겨야 한다. 아시아 종교, 특히 불교에 대한 그의 오랜 관심은 일본의 선불교 사상가 스즈키 다이세쓰와 달라이 라마와의 우정에 힘입어 적극적인 종교 간의 대화로 꽃피었다. 이를 통해 머튼은 종교의 경계를 넘어 널리 존경받는 인물이 되었다.

종교 간의 대화와 그것의 영적 반향을 보여 주는 놀랍고도 위대한 지성인 중 한 명이 라이문도 파니카다. 그는 '나는 기독교인이면서 힌두교도이다'라는 말로 표현되는 '이중 소속' 현상의 선구자였다. 파니카는 스페인인이자 가톨릭 신자인 어머니와 인도인 힌두교도 아버지와 함께 바르셀로나에서 살았는데, 이런 가정생활로 인해 일찍이 종교 간의 경계를 넘어섰다. 그는 가톨릭 사제가 되었고 철학, 화학, 신학 등 세 분야의 박사 학위를 받았다. 생의 절반은 미국에서 가르치고 절반은 인도에서 살았으며 종교철학과 종교 간 영성에 대해 많은 글을 썼다.

말년에는 카탈루냐로 돌아왔다. 파니카는 인도에서 자신이 힌두교인이자 기독교인인 동시에 불자라는 사실을 알게 되었다고 말한 것으로 유명하다.

인도는 힌두교가 주요 종교이지만 상당수의 무슬림과 소수의 기독교, 자이나교, 시크교, 파시교 신자들이 있다. 그런 만큼 인도가 종교 간 영적 만남의 실험장이 된 것은 놀랍지 않다. 한 가지 예를 들면 베데 그리피스는 진정한 인도 기독교 영성을 개발하고자 하는, 작지만 중요한 기독교 집단을 대표했다. 옥스퍼드대학교에서 C. S. 루이스와 친구로 지냈던 그는 영국 베네딕도회 수도원에 들어갔다가 1955년 인도로 갔다. 그곳에서 힌두교 경전을 집중적으로 연구하면서 자신이 서구 사상과 문화의 합리주의를 통해 인식했던 것에 맞서 삶의 직관적-관상적 차원을 회복하는 일의 중요성을 감지했다. 이후 그는 1968년 타밀나두 산티바남에 있는 사치다난다 아쉬람(Sacchidananda Ashram)으로 이주해 여생을 보냈다. 베데 그리피스는 힌두교와 기독교의 관계에 특별하게 접근했다. 차이와 구별(특히 인간 존재와 절대자 사이)을 넘어선 보편적 조화와 일치에 대한 전통 힌두교의 일원론적 감각이 그의 영성에서 중요한 역할을 했다. 그러나 동시에 그는 정통 기독교인으로 남아 있었다.

• 현대의 영적 융합

서구 문화에서 자신을 고전적 신앙인으로 여기는 사람들에 대한 사회과학적 연구는 그들이 점점 더 영적 장르를 융합하고 영적 전통, 심지어 종교의 경계를 넘나드는 절충적 방식으로 영성을 차용하고 있음을 보여 준다. 네덜란드의 사회인류학자 피터 베르스티그는 네덜란드의 기독교 피정의 집(주로 로마 가톨릭)과 영성 센터의 활동을 분석했다. 그들은 제도 교회와 대안적 영성의 세계 사이 어딘가에 위치한 종교적-영적 풍경 위에서 흥미로운 장소를 창조했다. 예를 들어 '기독교'라는 낱말은 그런 영성 센터들이 기독교의 기원이나 맥락을 가지고 있음을 가리킬 뿐이다. 거기에서 제공하는 내용은 기독교 신앙이나 전통을 명확히 언급하지 않은 채 단순히 '영성'으로 제시된다. 비슷한 경향의 영적 절충주의가 영국, 아일랜드, 북미의 많은 기독교 피정의 집과 영성 센터 프로그램에서도 나타난다.

심지어 종교인들에게서도 나타나는 이러한 현대의 영적 절충주의는 오랜 역사를 지닌 종교 전통의 기능과 그것이 유동적이고 다원적인 문화적 맥락으로 전달되는 방식을 이해해야 하는 복잡한 문제를 낳는다. 이미 보았듯이 프랑스의 사회과학자이자 이슬람 전문가인 올리비에 로이는 유럽, 특히 프랑스에서 종교와 영적 전통이 현대 문화의 규범에 맞게 '재형식화'되는 과정을 분석하면서 컴퓨터 언어인 '리포맷'이라는 단어를 차용한다.

유럽에서 등장한 매우 다양하고 새로운 형식의 영성은 전통적인 종교 제도, 특히 기독교의 포용력에 대한 불신의 표시이다. 동시에 현대적 영성에 대한 요청과 사람들의 영적 필요에 부응해 효과적인 통로를 제공하려는 움직임으로 해석될 수 있다. 이런 점에서 서유럽 국가들의 문화적 세속화가 증가하고 제도 종교가 약화하는 상황에서의 '영성'은 기성 종교의 효과적인 대체물로 평가된다. 이런 대체는 중립적인 과정이 아니라 실제로는 어떤 맥락에서 전략적으로 추진되는 게 분명하다. 일례로 영국의 보건 체계에 속했던 전통적인 병원 성직자들이 '영적 돌봄 매니저'로 대체되고 있는데, 이는 전통적으로 기독교 사역자들이 이끌던 관습적인 병원 성직자 팀이 현대의 기대와 필요에 맞는 영성을 전달하지 못한다고 평가받기 때문이다.

그럼에도 종교와 세속적 형식의 영성 사이에는 대화가 오간다. 영성 개념을 수용하는 일부 세속의 전문가들은 흥미롭게도 '영성'에 대한 자신들의 고유한 어휘가 부족하다는 점을 공개적으로 인정한다. 그러면서 자신들이 추구하는 영성에 대한 열망을 표현하기 위해 기독교처럼 오래된 종교의 언어와 가치의 틀을 가져오려 한다. 예를 들어 도시계획가 레오니 샌더콕은 세속적 인본주의자를 자처하지만 '희망', '신앙',

'봉사', '성스러운 것'이란 어휘를 사용하는 점에서 종교에 빚지고 있다고 밝힌다.

• 보편주의와 초종교영성

영성 간의 대화가 반드시 혼합주의나 영적 경험의 범종교적 통합으로 이어질까? '아니다'라고 답하는 사람들은 영국의 수석 랍비 조나단 색스 박사처럼 종교적 다양성에는 신성한 의도가 개입돼 있다고 주장할 것이다. 색스 박사는 모든 사람이 하나의 '진정한' 신앙으로 개종하는 것도, 인간이 창조한 어떤 종류의 통합도 신의 설계가 아니라고 말한다. 한편 분명한 최종 결단이 없는 끝없는 대화 과정 자체에 영적 가치가 있다고 믿는 이들도 있다. 이들은 서로 다른 종교의 경계나 사이 공간에서, 친근한 것과 낯설고 다른 것 사이를 왔다 갔다 하는 지속적이고 도전적인 운동 안에서 하느님을 발견한다.

보편주의자로 불리는 또 다른 사람들은 특정한 계시적 전통에 우선순위를 두지 않으면서 모든 위대한 영적 스승이나 전통에 존재하는 종교적 계시를 기리고 싶어 한다. 예를 들어 유니테리언주의는 개신교에 기원을 두고 있지만, 오늘날에는 특정한 종교적 신조 없이 영적 성장을 도모하면서 자유롭게 진리와 의미를 탐구하는 종교가 되었다. 유니테리언주의자들은 여러 종교적 자원에 의지하며 광범위한 신앙과 수행을 인정한다.

일부 퀘이커 교도들 역시 관습적인 기독교인이기보다는 보편주의자에 가깝다.

'초종교영성'이라고 불리는 운동은 미국의 가톨릭 영성 교사 웨인 티즈데일의 작업과 가르침에서 영감을 받았다. 이 운동은 모든 세계종교에는 관상 수행과 신비적 경험을 통해 접근할 수 있는 어느 정도의 공통점이 있다고 생각한다. 티즈데일은 세계의 모든 영적 전통이 가진 경험과 통찰을 존중하면서 그것들을 모아 종합하기 위해 '초종교영성(Interspirituality)'이라는 단어를 만들었다. 티즈데일이 말한 초종교영성은 단순히 명상이나 영적 수행을 피상적으로 차용하는 게 아니었다. 그가 분명히 지적했듯이 그것은 열린 마음으로 영적 경로를 걷겠다는 헌신, 그리고 그 길에서 만나는 것들로부터 받는 도전과 전환에 대한 수용을 요구한다. 티즈데일은 단순한 보편주의자가 아니었다. 그는 가톨릭의 영성을 다른 종교, 특히 힌두교의 요소와 결합하면서도 여전히 가톨릭 신자로 남아 있었다.

• 결론

'종교'와 '영성'을 분리하는 것에 진지한 의문이 제기되어야 함은 분명하다. 영성은 단순히 고립되어 수행하는 문제가 아니라 적어도 암묵적으로는 세계, 인간 존재, 근본적인 가치에 대한 어떤 종류의 믿음과 항상 연관되어 있다. 세계종교 간의 대화는 종교 자체의 경계를 훨씬 뛰어넘어 세계평화, 화해, 사회정의의 문제와 더 깊고 넓은 관련성을 갖는 쪽으로 크게 발전했다.

다음에 이어질 마지막 장에서는 '영성'이라는 용어가 실제로 얼마나 유용한지, 그것이 인간의 조건에 관한 논의에 무엇을 더하는지 살펴볼 것이다. 영성에 매료됨은 그저 지나가는 유행일까 아니면 앞으로 수십 년간 계속 두드러질까? 결국 실용적인 질문은 오늘날 헌신적인 '영적 삶'을 사는 게 가능한지, 그렇다면 그것을 어떻게 수행할지이다. 간단히 말해서 영적 탐구와 영적 수행은 21세기 개인 및 사회의 번영과 어떤 관련이 있는가 하는 것이다.

"영성은 인간됨이 무엇을 의미하는지를
이해하는 중요한 표현이다."

7장 영적인 삶을 영위하라

영성이란 개념은 점점 확산하면서 영향력이 커지고 있고 그 형식도 극도로 다양하다는 사실이 이제 명확해졌다. 대체로 영성은 무엇이 인간 존재의 중심이거나 중심이어야 하며, 어떻게 인간 정신이 최대의 잠재력에 도달할 수 있는지에 대한 이해를 의미한다. 영성은 인간이 최대의 삶을 영위하려면 순수한 물질적 향상 이상의 목표가 요구된다는 사실을 제시한다는 점에서 야심 찬 개념이다. 그것은 파편화보다 통합에 대해, 본능적이거나 자성하지 않는 삶 대신 궁극적인 목적의 감각에 대해, 즉각적인 행복을 넘어 더 깊은 차원의 의미와 완성의 상태 및 그것과의 관련성에 대해 말한다. 이 모든 것은 그 자체로 좋아 보인다. 그러면서도 영성은 더 나아가 윤리에 대한 형식주의적 접근의 한계 너머로 우리를 인도하는 유용한 용어이기도 하다.

• 영성의 가치

일상생활에서 영성의 잠재적인 가치를 언급하면서 '영적 자본(Spiritual Capital)'이라는 용어가 점점 더 많이 사용된다. 이 개념은 앞서 철학과 사회과학 사상가들 사이에 쓰이던 사회적 자본과 문화적 자본이라는 개념을 좀 더 발전시킨 것이다. 이러한 비경제적 개념은 경제적 자본이라는 좀 더 친숙한 생각으로부터 파생되었다. 사회적 자본이란 사람들의 사회적 네트워크 내부와 네트워크 사이의 연관성, 그리고 이러한 네트워크에서 나오는 공유된 가치를 말한다. 이러한 사회적 접촉과 공유된 가치는 개인과 집단의 생산성과 효율성을 높여 준다. 영적 자본이라는 개념 역시 인간의 생산적이거나 성공적인 삶을 위해 사용된다. 거기에는 영적, 도덕적, 심리적 믿음과 수행의 실천이 사회 전반에 미치는 가치를 수량화하는 것도 포함된다. 도나 조하르 같은 작가들은 영적 자본을 일종의 부, 소비할 수 없지만 살아가는 데 활용할 수 있는 부라고 말한다. 그것은 창의성을 자극하고 도덕적 행동을 장려하며 잘 살려는 동기를 부여한다.

영적 자본과 밀접하게 관련된 용어인 '영적 지능(Spiritual Intelligence)'은 인간의 지성과 감정의 발전이 갖는 영적 중요성을 지능이라는 용어로 표현한 것이다. 영적 지능은 몇몇 심리학파, 특히 자아초월 심리학의 구성 요소로서 등장했다. 영적 지능의 함양은 우리를 가장 깊은 의미와 최고의 동기에 다가서게 해 준다. 그것은 종교적 신앙에 의존하지 않는다. 실제로 매우 종교적이면서도 영적으로 미숙한 경우가 있다. 모든 형식의 지능과 마찬가지로 영적 지능은 인간 존재에 내재한 잠재력이다. 그러나 이 주제를 다루는 자료들은 그것의 함양보다는 특성과 측정에 초점을 맞추는 경향이 있다. 결국 함양의 문제는 영적 훈련과 영적 수행의 중요성으로 돌아간다.

다양한 사회적·직업적 맥락에서 '영성'이란 개념은 두

가지 중요한 측면을 더해 준다. 첫째, 영성은 순전히 결과 지향적인 것으로부터 우리를 구원한다. 이미 보았듯이 의료에서는 의학과 치료 중심 모델 이상을 제공하며, 교육에서는 통합적인 지적·도덕적·사회적 발달이 이와 분리된 생산기술이나 직업상 기법을 습득하는 것만큼 중요함을 시사한다. 둘째, 영성은 우리가 윤리적인 행동을 이해하는 방식에 가치를 추가한다. 윤리는 단지 잘못된 행위 대신 올바른 행위를 하는 행동의 문제가 아니다. 영성이 이끄는 윤리는 정체성의 문제이다. 우리는 단순히 윤리적인 행동을 하기보다 윤리적인 사람이 되어야 한다. 그래서 인격 형성과 미덕의 함양이 주요 관심사가 된다.

이러한 맥락에서 세속적 영성뿐만 아니라 모든 세계종교의 영성은 '인본주의적'이라고 할 수 있다. 모든 영성은 공감, 인내, 관용, 용서, 만족, 책임, 조화, 동료 인간에 대한 관심과 같은 인간적 자질의 계발을 촉진하는 것을 목표로 삼는다. 마찬가지로 영성에 대한 관심은 아름다움, 사랑, 창조성과 같은 가치에 대한 인식을 심화하는 경향이 있다. 위대한 전통을 참고삼아 영적 수행에 헌신하는 것은 다양한 방식으로 주의력과 마음챙김을 증진한다. 영적 경로를 헌신적으로 추구하는 일은 모든 사람과 모든 사물의 내재적인 상호연관성과 상호의존성을 강화하는 사고와 신념, 감정, 행동을 키울 수 있다는 점에서 유익하다. 우리가 명시적으로 종교를 가졌든 아니든 간에 영성은

'사물의 거대한 체계'를 말하고 우리가 이것과 연결되어 있다는 감각을 키워 준다.

• 영적 수행과 신성한 공간

이미 보았듯이 위대한 영성 전통에는 고유한 영적 수행법이 있다. 영성의 이런 요소는 오늘날 많은 사람에게 특별한 만족을 준다. 형식을 갖춘 명상, 신체 자세, 요가나 태극권 같은 운동, (때로는 사회적 의식과 관련된) 검약과 금욕, 예를 들어 술·고기·섹스와 거리를 두는 규율 등이 그렇다. 그러나 이것은 단순히 현대 문화의 추진력에 어울리는 영적 추진력—단지 막연한 열망을 품고 있기보다 실제로 뭔가를 하고 있다고 느끼게 해 주는 것—이 아니다. 최근 만들어진 수행법도 그렇지만 위대한 전통에서 내려오는 비범한 영적 수행법은 생산적이기만 한 것이 아니라 규범적이고 창조적이다.

영적 수행에 규칙적이고 지속적으로 몰두하는 일은 그것이 아니었다면 자칫 파편적이었을 삶에 형태를 부여한다. 또한 이미 언급했듯이 영적 수행은 단순히 즐겁다기보다 노력을 요구한다. 그럼에도 많은 사람이 예술, 음악, 글쓰기, 서예 등 창조적인 활동에서 영적 수행을 경험한다. 모든 고전적인 영적 수행은 영적 발달의 특정한 측면에 집중되어 있다. 명상은 고요함, 주의력, 알아차림을 기르지만 심리적으로 과중

해서 가볍게 수행할 수 없다. 한편 불교나 기독교 같은 위대한 전통은 개인의 윤리 또는 사회적 인식의 측면에서 영적 수행을 변화된 삶과 연관시킨다. 명상 수행을 오래 하면 의식이 향상될 수 있다. 고대의 지혜 전통은 명상과 관상을 통해 자신을 해치고 건강한 관계를 망치는 혼란스러운 집착에서 자유로워지라고 가르친다. 이러한 내적 자유의 성장은 결과적으로 우리가 따뜻하고 변화된 존재로 거듭나 세상에서 더 유능하고 유용한 사람이 되도록 해 준다. 앞서 보았듯이 위대한 신비주의 전통조차 궁극적인 실재나 하느님과 일치되는 강렬한 경험이 그 자체로 목적이라고 가르치지 않는다. 초월적 현실에 대해 어떻게 설명하든, 우리는 삶의 모든 것에서 탈출하는 게 아니라 그것과의 일치와 책임을 깨닫는다.

순례의 형식으로 시간을 보내는 것, 신성한 장소나 공간을 방문하는 것도 하나의 영적 수행이다. 순례는 영적 의미 또는 증진을 추구하는 여행이다. 이 관습은 고대로 거슬러 올라가며 세계종교에서 여전히 중심적인 역할을 한다. 몇 가지 주목할 만한 사례가 있다. 성스러운 도시 바라나시를 방문하고 신성한 갠지스강에서 목욕하는 것은 힌두교도에게 중요한 순례이다. 메카로 가는 핫즈(Hajj, 아랍어로 '순례'라는 뜻)는 건강한 무슬림이 일생에 최소한 한 번은 해야 하는 종교적 의무로서 신에 대한 복종과 동료 신자들과의 연대를 표현한다. (로마인들이 파괴한) 예루살렘 성전의 남은 벽인 '통곡의 벽(Wailing Wall)'에서 바치는 기도는 많은 유대교도에게 아주 진지한 순례가 되었다. 서구에서는 관습적인 종교적 수행이 쇠퇴하는 와중에도 순례는 계속해서 증가하고 있다. 대표적인 사례로 스페인 북부를 가로질러 산티아고 데 콤포스텔라에 있는 성 야고보의 역사적인 성지로 걸어가는 카미노(Camino) 순례의 인기를 들 수 있다. 어떤 사람들은 단지 흥미로운 휴일의 하이킹으로 여길 수도 있지만 많은 사람에게 이것은 영적 여운을 남긴다.

영국의 스톤헨지 같은 이교도 기념물, 아일랜드 서부의 크로프패트릭산이나 스코틀랜드의 이오나섬처럼 기독교 이전과 이후가 공존하는 켈트 유적지를 포함한 많은 성지가 역사적이고 전통적인 종교와 관련된 장소들이다. 이미 보았듯이 신성한 건축과 기하학, 우주의 표현이 어우러진 중세 유럽의 대성당을 찾는 방문객도 증가하고 있다. 흥미롭게도 샤르트르 대성당에는 신앙인이 아닌 사람들의 상상력까지 사로잡는 장소가 있다. 바로 본당 바닥에 새겨진 미로인데, 원래는 예루살렘 순례의 축소판으로 구상된 것이다. 오늘날 이 디자인은 영성의 중심지뿐만 아니라 공원과 도시 광장에서도 재현되고 있다. 구불구불한 미로를 걷는 것은 주의력, 끈기, 고요함을 길러 주는 한편 궁극적인 깨달음에 대한 탐구를 상징하기도 한다. 미로에는 거짓되거나 막다른 길이 없기에 걷기 명상은 항상 중심에 도달하는 것으로 끝이 난다.

'신성함'은 전통적인 영적 공간을 넘어 다양한 형식으로 서구에서 퍼져 나갔다. 어떤 장소와 공간이 현대인들에게 신성한 공간의 경험을 주기에 적합할까? 19세기에는 '가정(Home)'을 신성한 곳으로 이상화하는 경향이 커졌다. 이 개념은 오늘날에도 어느 정도 남아 있다. 역설적이게도 '가정'은 일상생활과 연관되는 동시에 외부의 공적 세계가 주는 불쾌함을 막아주는 사적 공간이 되었다. 가정의 행복이 만족스러운 삶의 핵심적인 상징이 된 것은 산업화와 점점 커지는 부산함, 소음, 계속해서 확장되는 도시경관의 오염에서 오는 상실감을 반영한다. 이런 추세에 동의하든 안 하든, 이는 새로운 내적 형식으로서의 사적 공간이야말로 인간이 가장 진실하게 자기다울 수 있는 곳이라는 인식의 변화를 보여 준다.

성스러운 공간은 초월성을 환기하는 것 외에도 공동체의 기억, 이상, 열망, 창의성을 일깨운다. 요즘은 그런 공간이 유난히 많아졌다. 육지와 해안의 풍경, 도시의 공원과 강은 많은 사람의 영적 감정을 고양한다. 미술관, 박물관, 공공도서관 역시 일상의 광란적인 속도에서 벗어나 고요한 성찰을 가능하게 해주는 일종의 성역이다. 어떤 사람들에게는 스포츠 클럽과 연관된 공동체의 강렬함, 공통의 헌신, 충성심이 일종의 영적 경험이고 경기장은 새로운 사원이 되었다. 한 지역 또는 국가의 기념비적이거나 고통스러운 기억을 수용하는 성소도 많다. 종교 건축물, 전쟁기념관, 상징적 공공건물이 이런 역할을 한다.

• 영적 삶이란 무엇인가

이 모든 것으로부터 알 수 있는 사실은, 영성이란 가치와 헌신에서 분리되어 단순히 어떤 영적 수행을 실천하는 게 아니라 '영적인 삶'을 함양하는 것이라는 점이다. 그렇다면 사회학자 키어런 플래너건이 《영성의 사회학(A Sociology of Spirituality)》 서론에서 말했듯이 '영적인 것'은 인간에게 내재한 것일까, 아니면 개인의 취향에 따른 선택적 추구일까? 나는 플래너건이 말한 것처럼 우리 인류에 '영적인 것'이 내재한다고 믿는다. 1장에서 나는 '영적인 것'은 육체적, 정신적, 심리적 측면과 나란히 있는 네 번째 차원이 아니라 삶을 통합하는 요소라고 말했다. 그렇더라도 그것이 단지 수행이나 수련의 문제가 아니라면 '영적인 삶'을 추구하기 위해서 무엇이 필요할까? 믿음이 필요하다면 무엇에 대한 믿음일까? 사실 영적인 삶을 추구하는 것을 포함해 우리가 삶을 경영하는 방식은 믿음에 의존한다. 왜냐하면 내가 이미 말했듯이 우리는 모두 비록 암묵적이고 인식하지 못하더라도 가치 체계와 세계관을 가지고 있기 때문이다. 내가 보기에 영적인 삶을 개발하는 것은 우리의 암묵적인 믿음과 가치를 좀 더 분명히 하고 균형 있게 만들어 보다 효과적으로 원칙적이고 조화로운 삶을 사는 용기와 능력을 갖추는 일이다. 이것이 바로 일부 심리학자들이 '일치한다(Congruent)'라고 말하는 것이다.

그렇다면 영적인 삶을 위해서 종교가 필요할까? 이것은 직설적으로 대답할 문제가 아니다. 모든 영성은 어떤 형식이든 인간의 자기초월 가능성을 긍정한다. 그러나 이것이 반드시 유일신이나 신들의 존재에 대한 믿음을 의미하지는 않는다. 불교처럼 스스로를 종교로 여기는 영적 전통이 이 문제에 대해 단호하게 불가지론을 유지하고 있다는 점을 떠올릴 필요가 있다. 불자들은 신의 존재 또는 비존재가 우리의 영적인 삶의 능력과 직접적으로 관련이 있다고 믿지 않는다.

• 영성의 미래

마지막으로 일부 비판적인 논평가들이 지적하듯이 '영성'이 우리의 소비문화에서 단순히 지나가는 유행인지에 대한 질문이 있다. 그게 아니라면 영성은 앞으로 수십 년 동안 살아남고 발전하게 될 것인가? 물론 확실한 것은 아무것도 없다. 다만 다양한 형식의 영성과 영적 지혜는 수천 년간 이어져 왔기에 이 모든 것이 갑자기 사라질 것 같지는 않다.

현대사회에서는 오래된 전통들이 창조적으로 재발명될 뿐만 아니라 새로운 형식의 영성이 다양하고 풍부하게 나타났다. 서구에서는 여전히 개인의 영성에 대한 요구가 커지고 있으며, 러시아와 중국 같은 과거 공산주의 국가에서도 영성과 종교에 대한 관심이 증가하고 있다. 북반구 외 지역에서도 영성이 계속 번성하는 중이다.

이에 더해 영성은 계속해서 전문적이고 학문적인 분야로 확장되고 있다. 의료, 사회사업, 교육은 좀 더 분명하게 영성과 결합한 전문 분야이며 다른 분야, 예를 들어 도시 전문직, 비즈니스와 기업 세계, 스포츠, 법률에서도 영성의 언어가 점점 더 많이 등장하고 있다. 가장 놀라운 사실은 특별히 대중의 비판에 노출된 두 세계, 즉 상업과 정치에서도 영성이 출현하는 신호가 보인다는 점이다. 학문 주제로서 영성은 종교연구, 사회과학, 철학, 심리학 등 연구 분야를 넘어 사회사업, 건강, 교육, 그 외 전문 분야에서 이뤄지는 훈련의 학문적 배경으로 자리 잡았다. 또한 우리는 이미 사이버 공간이 가진 영적 힘과 그것이 영적 지혜에 접근하기 쉽도록 더욱 활발히, 적극적으로 사용되는 방식을 살펴보았다.

실제 공간이든 사이버 공간이든, 영성은 살아가는 데 필요한 더 깊은 수준의 가치를 구하고 찾으려는 인간의 본능적인 욕망에 비하면 오히려 덜 유행하는 것처럼 보인다. 영성은 단순히 살아남은 게 아니라 다양하고 새로운 형식으로 발전하고 변화하고 있다.

• 결론

서문에서 말했듯이, 이 책은 인간 행동의 광범위하고 복잡한 분야를 매우 간략하게 요약한 것이다. 이제 '영성'이라는 개념이 가진 세 가지 중요한 특징과 함께, 영성이 개인이나 집단으로서 우리에게 어떻게 그리고 왜 차이를 만들어 내는지를 요약하는 것으로 마무리하고자 한다.

첫째, 영성은 삶에 순전히 실용적으로 접근하는 것을 넘어 정체성과 의미에 대한 인간의 성찰적인 탐구를 표현한다. 둘째, 영성은 인간의 온전한 삶이 자아몰입(Self-Absorption)을 넘어 더 큰 선과 타인에 대한 봉사의 감각으로 옮겨 갈 필요가 있음을 시사한다. 마지막이자 가장 중요한 것은, 영성은 우리가 신비의 가장자리에 닿을 수 있게 해 주는 창조성과 상상력을 해방하는 과정과 관련이 있다.

결국 영적인 삶의 방식은 우리가 결코 잡을 수 없는 전체성과 완전함을 향해 뻗어 나간다. 거기에는 언제나 '조금 더'가 있다. 결과적으로 영적 탐구는 역설적이다. 모든 것의 전체성을 추구하기 위해서 단순히 더 많은 것을 축적하려는 욕망을 버려야 하기 때문이다. 그런 의미에서 '영성'은 소비주의 문화에 반하는 역할을 한다. 스페인의 위대한 신비주의 시인 십자가의 요한은《카르멜의 산길》에서 다음과 같이 말한다.

모든 것에서 만족에 이르려면

어떤 것에도 만족하지 않음을 욕망하라.

모든 것을 소유하려면

아무것도 소유하지 않음을 욕망하라.

삶의 가치와 완성을 추구하는 영성

한윤정

호모스피리투알리스(Homo Spiritualis)! 영성을 가졌다는 것은 인간을 다른 동물과 구분해 주는 중요한 특징이다. 인간은 당장 눈앞의 것에 대한 감각을 넘어 과거와 미래를 연속적으로 생각하고, 보이지 않는 존재를 인식하며, 이것이 영성을 가능하게 해 준다. 이 책에 따르면 영성이란 말은 기독교에서 처음 나왔고 세속적인 것과 대비되는 개념이지만, 기독교 이전의 인간도 기독교 바깥의 인간도 자신을 포함하는 더 넓은 세계를 인정하고 그것과의 연결감을 가졌다는 점은 분명하다. 영성은 기독교가 지배한 서구의 2000년 역사에 국한되기보다 훨씬 오래되고 광범위한 인간만의 고유한 특성이라 할 수 있다. 10만 년 전 지구에 나타난 호모사피엔스가 하늘의 태양과 달, 별들을 보면서 느꼈던 숙연한 감정이 현대 인류의 유전자에도 새겨졌을 것이다.

그러나 영성의 역사 역시 부침을 겪을 수밖에 없었고 근대, 현대, 탈현대로 이어지는 지난 수백 년의 역사 속에서 영성은 추방과 복위를 극적으로 경험했다. 인류의 대부분 역사에 걸쳐 영성은 중요한 자리를 차지했으나 근대가 되면서 그 지위가 박탈되었다. 유럽 르네상스 이후 헬레니즘 문화에 기반한 인본주의가 확립되고, 개인의 지성과 양심에 기초한 종교개혁이 확산했으며, 기계론적 사고에 입각한 과학혁명이 일어났기 때문이다. 신 중심의 초월적 질서가 물러난 자리를 채운 건 시민혁명을 거치면서 민주주의의 토대가 된 공론장, 사적 영역을 넘어 국가 정치와 외교의 근간이자 목적이 된 상업과 생산, '거친' 외부 세계로부터 개인을 보호해 주는 가정생활의 중요성이었다.[25] 윤리가 종교를 대체하고 물질주의가 삶의 가치를 형성하는 세속화의 과정이었다. 이는 영성이 사라졌다기보다 종교와 일반적인 삶의 세계가 분리되고 영성이 종교의 영역에 갇히게 된 것이다.

서구 역사를 그대로 한국에 대입하기는 어렵겠지만, 한국의 근대화가 물질과 정신의 서구화 과정이었으며 돌아갈 수 없는 다리를 건넜다는 점에서 한국 상황 역시 크게 다르지 않다. 근대 이전까지 한국인의 정신적 배경이던 유교는 인간, 자연, 우주를 관통하는 이치와 조화를 강조했고 그에 못지않게 불교의 관계적·순환적 세계관이나 도교의 수심정기와 감응이라는 정신문화가 우리의 선조를 지배했다. 그러나 이 같은 사상의 영향력은 지난 세기의 급격한 산업화와 물질주의 속에서 거의 사라지다시피 했다. 서구 물질문명의 침입 앞에서 물질과 정신이 조화를 이룬 새로운 세계(개벽)를 꿈꾸었던 동학(천도교)을 비롯한 토착 신앙이 한국의 특별한 '영성적 근대'[26]를 만들고자 했으나, 결과적으로 한국의 현대화는 서구 기독교의 이분법적 세계관이 전통적인 유기체적 사고를 대체하는 것으로 귀결되었다.

그러면서 한국 사회에서 '영성'의 자리는 사회 전반에 만연한 물질적 사고에 따라 살아가다가 정신적 위로를 얻기 위해 종교를 찾는 신앙인들을 위한 숨 쉴 구멍이거나, 나아가서는 주류사회에서 실패한 자들의 자기 위안으로서 하위문화 정도로 취급받아 왔다. 영성을 범접하기 힘든 종교인의 전문 영역으로 간주하는가 하면, 거리에서 지나가는 사람을 붙잡고 "도를 아십니까?"라고 묻는 희화화된 모습으로 떠올리기도 한다. 영성은 '비과학적'인 영역으로 여겨지기도 한다. 고대 그리스부터 오랜 역사에 걸쳐 과학이 자연철학이라는 이름으로 진리 탐구의 영역이었던 서구와 달리, 한국은 서구에서 수입한 현대 과학을 곧바로 산업기술이나 경제부흥과 연결해 국가가 관리하고 발전시켜 왔다. 이는 영성이 과학의 궁극적 질문으로 연결되기보다는 별개의 알 수 없는 영역으로 취급받는 처지와 무관하지 않다.

한편 영성의 추구가 탈현대적 현상으로서 재등장하는 것도 사실이다. 이 책은 서구 맥락에서 영성의 부흥에 대해 양차 세계대전 이후 유럽제국의 종말, 여성과 흑인 인권운동의 등장, 과거 식민지였던 지역의 문화적 재생, 서구와 비서구의 종교 간 대화 등을 그 원인으로 들면서 이런 요소가 합쳐져 20세기 후반 수십 년에 걸쳐 영성의 부활이 이뤄졌다고 분석한다. 강고했던 근대적 지배 질서에 균열이 생기면서 다양성과 소수자성이 꽃피우고, 그것들 간의 상호연결로부터 보이지 않는 질서에 대한 탐구가 이뤄지는 현상이라 볼 수 있다. 한국에서도 1987년 형식적 민주화의 성취 이후 집단에서 개인으로 초점이 바뀌었으며 산업사회에 대한 문명 비판적 시각을 담은 '한살림 선언', 불교계가 중심이 된 생명평화 운동이 일어났다. 또 정부의 4대강 개발이나 새만금 개척 사업, 강정 미군기지 건설 등에 대한 환경단체와 시민사회의 대응 과정에서 생태적 각성이 커지면서 종교에 갇혀 있던 영성이 세속의 삶으로 확산하는 계기가 마련됐다. 이런 사회현상은 산업화와 민주화 이후 생태화라는 사회적 과제를 제시하는데, 여기에는 더 근본적인 지식과 문화의 패러다임 전환이 작용한다.

첫째, 과학이 발전할수록 신비의 영역은 커지며 이것이 영성에 대한 관심과 이해를 넓힌다. 양자역학이 처음 나왔을 때만 해도 물질의 최소 단위인 원자(양자의 일종인 광자)가 입자인 동시에 파동이라는 원리를 이해하는 사람은 극소수였으나 1960년대 이후 '신과학'이라는 렌즈를 통해 동양의 종교, 특히 불교사상과의 비교연구가 이뤄지면서 과학과 종교의 접점에서 영성의 문제가 등장한다. 이어 천문학, 지구과학, 생물학, 여기에 역사학까지 결합한 2000년대의 빅히스토리는 빅뱅부터 빅립까지 우주 전체의 역사적 궤도를 밝히고 그 안에서 인간의 위치를 설명하는 경지에 이르는데, 이것이 가리키는 방향 역시

아직 규명하지 못한 의식 또는 절대적 신비의 존재로 보인다. 45억 년 지구의 역사에서 인간이 탄생한 확률은 "원숭이 100마리가 멋대로 타자기를 쳐서 셰익스피어 전집을 똑같이 써낼 가능성보다 100만 배나 낮다"라고 한다. 이런 신비가 물질 덩어리의 집합인 지구 대신 우주 의식, 즉 영성에 주목하게 만든다.

둘째, 물질문화의 극단에서 채워지지 않는 삶의 공허를 느끼며 다시금 가치와 행복을 추구하는 경향이 생겼다. 제2차 세계대전 이후 지금까지 '거대한 가속기'로 불리는 경제발전은 인류의 생활을 유사 이래 최고 수준으로 끌어올렸다. 전 지구적으로 볼 때 아직 물질적으로 절대 기준에 못 미치는 지역이 많지만, 이는 거버넌스와 분배의 문제이지 기술과 생산력의 문제가 아니다. 산업화 과정의 그림자 역시 만만치 않다. 자연과 공동체로부터 멀어졌으며, 많은 돈을 벌어 풍요를 누리려는 목적으로 그에 맞는 교육을 받고 쾌적한 소비를 이어가거나 사회적 지위를 가지려는 것 외에 삶의 궁극적 지향을 찾기 어려워졌다. 대개 종교에서 비롯된 전통문화와 의례가 사라지면서 일상이 빈곤하고 무미건조해졌다. 이 때문에 유신론, 무신론, 불가지론을 넘어 초월적 신앙이 사라진 세계의 상황에 대해 질문하게 되고 종교 자체를 넘어 종교가 부여했던 삶의 형식과 의미, 즐거움을 되찾으려 한다. 종교와 상관없이 영성을 경험하려는 사람들에게 명상하기, 감사하기, 식물과 관계 맺기, 자연과 연결되기, 의례에 연결되기, 노래(찬트)하기, 성지 순례하기 등의 일상적인 활동을 권유하기도 한다.[27]

셋째, 산업문명이 한계에 부딪히면서 나타난 기후생태 위기의 심각성과 생태론적 인식이다. 기후생태 위기는 지구를 생명 없는 물질로 바라본 일의 결과가 얼마나 파괴적인지 일깨워 준다. 산업혁명 이후 250년이 지나는 동안 인류는 수백만 년에 걸쳐 지층에 쌓인 화석연료(동물과 식물의 사체)를 끄집어내 태웠으며, 아무리 이를 반성하고 개선하기 위해 노력하더라도 2100년경에는 지구의 평균 온도가 산업혁명 이전 대비 섭씨 3도까지 올라갈 것[28]으로 예측돼 수많은 동식물뿐 아니라 인류의 일부가 절멸 위기에 처해 있다. 이런 상황에 대한 반응 역시 다양하다. 원자력 기술 개량, 탄소 포집, 심지어 우주 식민지를 개척하는 테라포밍 같은 기술적 사고가 "지금까지 인류의 역진화는 없었다"라는 논리와 함께 제시되지만, 인본주의를 넘어 인간의 존재론적 전환을 요청하는 쪽에서는 범심론이나 영성을 다시 진지하게 말한다.

영성의 추구는 문명의 회전축이 바뀌는 과정인 동시에 개인이 매일의 일상을 꾸리면서 맞닥뜨리는 실존적 변화이기도 하다. 물질적이고 현세적인 삶을 탈출하기 위해, 기후생태 위기라는 불안을 직시하면서 더 나은 생산과 생활양식을 찾기 위해, 죽어 가는 동식물과 태어나지 않은 미래세대를 살리기 위해, 엄청난 지식 가운데서 지혜를 찾고 통합적 지성을 갖기 위해 한국의 대표 지식인은 '지성에서 영성으로'[29]돌아가고자 설득한다. 우리 몸을 구성하는 원소가 우주의 초신성 폭발로부터 왔으며, 지구는 생명과 환경이 촘촘히 연결돼 공진화하는 '가이아'라는 사실을 알게 된 시대를 맞아 인간의 삶이 재조정되는 것이다. 이 같은 유동의 시대에 우리는 어떻게 나(Self)를 넘어 더 큰 세계(Self)와 연결될 것인가. 영성의 추구는 그런 다리를 놓으려는 노력의 일환이다.

영성을 정의하기는 쉽지 않다. 심지어 서로 중첩되지 않는 스물일곱 가지 영성의 정의가 존재한다는 연구 결과도 있다.[30] 이 책의 저자 필립 셸드레이크 역시 "영성이란 말은 사용되는 맥락마다 서로 다른 모습과 우선순위를 갖는다는 점에서 카멜레온과도 같다"라고 말한다. 영성의 의미는 오랜 시간 동안 발전하고 확장되어 왔다. 전통적으로 영성은 세계종교의 창시자나 경전에 묘사된 신의 이미지를 향하면서 인간의 원형 회복을 추구하는 종교적 재형성 과정을 가리키는 말이었다. 초기 기독교에서 성령을 향하는 삶을 일컫는 용어로 사용하기 시작했으며, 중세 후기부터는 삶의 정신적 측면을 포함하는 것으로 확대되었다. 현대에 와서는 다른 종교 전통이나 비의적 전통까지 포함하는 더 넓은 경험의 영역으로 확장되며 개인의 성스러운 차원의 경험, 삶의 깊은 가치와 의미까지도 포함한다. 일상적으로 관찰 가능한 세계를 넘는 초자연적 영역에 대한 믿음, 개인의 성장, 궁극적이거나 성스러운 의미에 대한 추구, 종교적 경험, 자신의 내면적 차원과의 만남을 가리키기도 한다.

이렇게 영성의 정의와 적용되는 범위가 폭넓다 보니 영성 자체를 다루는 책은 국내에서 찾아보기 어렵다. 흔히 기독교 분야에서 성경의 인물이나 시대를 예시하면서 영성을 설명하거나(영성으로 읽는 기독교 역사, 창조신앙 생태 영성, 열두 예언자의 영성, 바울의 영성 신학, 요한의 영성, 종교개혁 시대의 영성, 웨슬리의 목회와 영성), 영성을 얻기 위한 수행의 방법(행동과 묵상이 조화된 영성, 수도원에서 배우는 영성 훈련, 금식의 영성, 방언 기도의 은혜와 능력), 심리학을 필두로 여러 전문 분야에서 영성이 적용되는 사례(영성과 사회복지 실천, 부모영성학교, 비폭력 대화와 영성, 목회 상담과 영성, 노화의 심리와 영성, 헬스케어 영성, 결혼의 영성, 중독과 영성, 가족치료와 영성)가 주를 이룬다. 영성이라는 거대한 코끼리의 부분만 더듬는 식이다. 그러나 이 책은 동서고금의 다양한 영성을 망라하고 유형별로 분류하며 영성이 인간의 삶과 역사에서 어떤 역할을 해 왔는지 체계적으로 설명함으로써 영성의 전모를 밝혀 준다. 설명의 구조는 다음과 같다.

첫째, 영성은 종교적 영성·비의적 영성·영성에 대한 세속적 이해 등 세 가지 범주에 걸쳐 있다. 종교적 영성으로는 유대교, 기독교, 이슬람, 힌두교, 불교 외에 현대 서구의 대표적 종교운동인 신이교주의를 다룬다. 범주가 모호한 비의적 영성은 종교·철학·윤리의 요소가 혼합된 것으로 인지학, 신지학, 장미십자회, 프리메이슨, 비전통적 카발라, 강신술 등이 있다. 현대에 오면서 영성은 종교를 넘어 세속적 분야와 결합하는데, 이 범주에는 철학·심리학·젠더연구·미학·과학 등 학문 분야와 함께 보건의료·도시·경제·예술·직업 세계·스포츠·여행·음식과 옷·사이버 공간 등이 포함된다. 영성이 얼마나 다양한 모습으로 출현하는지 이해함으로써 영성의 문화가 얼마나 뿌리 깊은지 이해할 수 있다. 저자가 영성을 "인간 존재의 전망, 인간 정신이 최대한의 잠재력을 갖기 위한 전망을 구체화한 생활방식과 수행"으로 폭넓게 정의한 이유 또한 여기에 있다.

둘째, 영성은 금욕적·신비적·능동적-실용적·비판적-예언적 유형으로 나뉜다. 영성이 개인이나 집단의 변화를 일으킨다고 할 때 그 변화가 어디서 일어나는지, 어떤 형태(규율·실천·삶의 방식)의 변화인지, 변화의 목적이나 도달점이 무엇인지 등이 분류 기준이 된다. 이런 네 가지 유형은 앞서 소개한 영성의 세 가지 범주(종교적, 비의적, 세속적 영성)에서 모두 찾아볼 수 있다. 예컨대 금욕적 유형은 여러 종교의 수도 생활에서 두드러지는 동시에 종교 색채가 약한 마음챙김 명상이나 채식 실천에서도 발견된다. 신비적 유형은 비의적 영성의 가장 큰 특징이지만 자연 스포츠에서 추구하는 숭고함, 현대 과학이 경이로움을 이해하는 자세, 음악이 인간의 정신에 미치는 영향 등 세속적 영성에서도 나타난다. 능동적-실용적 유형은 종교의 다양한 사회봉사 활동에서 그리고 신자가 아니더라도 가정과 직장을 비롯한 여러 사회적 맥락에서 봉사하고 헌신하려는 태도를 통해 관철된다. 비판적-예언적 유형은 사회의 불의와 폭력에 항거하는 종교인들의 저항에서 가장 잘 드러난다.

셋째, 위의 네 가지 유형의 영성이 어떻게 개인이나 사회와 관계를 맺는지 질문한다. 그것은 다시 경험으로서의 영성, 삶의 방식으로서의 영성, 사회에서의 영성으로 구분된다. ① 경험 차원에서는 신비적 유형이 두드러진다. 영성은 신과의 직접적인 대면이나 의식의 변화, 내면의 치유 등 신비한 경험을 가장 우선시하기 때문이다. ② 삶의 방식은 금욕적 유형, 능동적-실용적 유형과 주로 관련된다. 영성은 내면의 경험에 그치지 않고 어떤 식으로든 일상의 실존적 변화를 가져온다. 금욕적 유형은 자기 절제와 물질적 소유의 거부가 핵심이며 이는 수도원이나 세속의 삶에서 모두 실천할 수 있다. 또 능동적-실용적 유형은 일상에서의 영성을 강조하는 가운데 올바르게 사는 것, 즉 미덕과 윤리로 이어진다. ③ 사회에서의 영성은 20세기에 와서 더욱 뚜렷해진 예언적-비판적 영성과 관련이 있다. 디트리히 본회퍼, 틱낫한 등의 사회참여적 종교 활동이 이를 대표하지만 보건의료, 경제, 도시계획 등에서 공공의 가치, 나아가 영적 가치를 추구하는 것도 사회에서의 영성으로 볼 수 있다. 영성이 개인의 내면과 일상을 넘어 사회적 차원에서 작동하는 게 핵심이다.

저자는 이런 삼중의 구조를 통해 영성이란 말이 쓰이는 맥락과 그 의미를 설명한 다음 한 단계 더 나아간다. 영성의 출발점인 종교와 현대적 의미에서 영성의 관계를 묻는 것이다. 영성은 종교를 포함하면서 훨씬 확장되었는데 둘 사이의 건강한 긴장과 균형을 유지할 필요가 있다. 긍정적인 측면에서 영성은 종교 사이의 소통과 대화를 가능하게 한다. 제도, 의례, 교리, 경전에 얽매이지 않는 초종교(Inter-Religious) 영성은 초월적 세계와의 교섭이라는 종교의 본질에 더욱 다가서도록 해 준다. 다른 종교의 시선으로 자신의 종교를 성찰하는 것, 종교 간 대화를 통해 분쟁을 줄이는 것도 유익하다. 이중소속("나는 기독교인인 동시에 힌두교인이다")이라는 흥미롭고 개방적인 현상, 일반의 인식을 뛰어넘는 종교 간 영향 관계의 규명 역시 종교가 엄격한 울타리를 넘어 영성의 언어로 번역될 때 얻게 되는 이점이다.

반면 저자는 전통 종교와의 연관이 희미해진 영성, 이

른바 SBNR(Spiritual But Not Religious, 영적이지만 종교적이지 않은) 현상에 대해서는 비판적이다. 힌두교의 배경 없는 요가 수행, 불교의 배경 없는 마음챙김 명상, 기독교의 배경 없는 성지순례 등이 이에 해당한다. 두 가지 이유를 든다. 첫째, 현대의 영성은 '좋은 삶'이라는 막연한 가치를 추구하지만 모든 좋음은 암묵적일지라도 어떤 종류의 세계관을 갖고 있다. 그런데 현대적 형식의 영성이 전통 종교를 비판하면서 스스로 대체 종교가 될 때 그 세계관의 진정성을 보장할 방법이 없다. 자칫 웰빙이란 이름으로 포장된 개인주의와 소비주의로 빠지기 쉽다. 둘째, 영성이 종교를 비판하거나 최소한 종교에 무관심할 때 그 '종교'는 교리, 성직자, 권위주의, 재산 등 좁고 가시적인 의미로 환원된다. 그러나 종교는 제도로 화석화하기 이전에 다양하고 치열한 영적 전통과 지혜를 만들어 냈으며, 특히 현대의 영성이 크게 상관하지 않는 선악의 판단 기준을 갖고 있다. 따라서 종교적 배경을 지운 영성은 자칫 쾌적하거나 자기중심적인 길로 빠질 위험이 있다.

이제 '왜 호모스피리투알리스인가'라는 처음 질문으로 돌아간다. 이 책의 표현에 따르면 영성은 "인간은 생물학 그 이상의 존재"임을 보여 준다. 지구에 출현한 생명이 진화에 진화를 거듭한 끝에 탄생한 인간은 '우주의 마음'으로 일컬어진다. 단순히 생명을 영위하거나 감각을 만족시키는 데 그치지 않고 삶의 의미와 가치를 질문하며, 나아가 자신을 둘러싼 더 큰 세계와의 접속과 통합을 추구한다. 존재자로서 자신을 정화하고 초월적 존재에 헌신함으로써 인간의 한계를 뛰어넘는 능력과 지혜를 얻고자 하며, 그런 지혜를 삶의 원리로 삼아서 좀 더 성숙한 인간이 되고자 노력한다. 그렇기에 영성은 인간의 육체적·정신적·심리적 측면을 포함하면서도 이 전체를 통합해 주는 가장 풍부한 인간성의 표현이다. 자신을 넘어선 초월적 존재로부터 얻는 자양분을 통해 생명과 삶을 기를 수 있다는 믿음과 염원은 인간을 더욱 선하고 강인하게 해 준다. 그리고 얽매임 없는 자유와 자비로운 사랑, 궁극적인 평화를 선물한다.

영성은 또한 고립된 개인에서 벗어나 연결된 존재로서 인간을 바라볼 수 있게 해 준다. 인간의 온전한 삶이란 자아몰입이나 자기만족을 넘어 다른 존재와 맺어진 필연적인 관계를 깨달음으로써 가능하다는 사실을 알려 준다. 우리가 경험하는 신비를 개인적 삶의 방식으로 제한하기보다 사회에서의 행동으로 표현하는 데 필요한 창조성과 상상력의 원천으로 삼게 해 주는 것도 영성의 몫이다. 개인화된 영성을 넘어 사회적 삶을 더 좋은 방향으로 이끌고 공공의 행위와 권력의 사용에서 정의를 질문하는 영성은 바람직한 공동체를 만들고 공공선을 추구하는 종교의 목적과도 통한다. 물질주의의 극단에서 기후생태 위기와 정신적인 공황 상태에 직면한 인류가 다시 영성의 세계로 회귀하는 이유이기도 하다. 전통 종교가 위축된 가운데 모습을 드러낸 현대적 영성의 행로를 관심 있게 지켜볼 수밖에 없다.

이 책은 영국 옥스퍼드대학교 출판부에서 2012년에 출간한 《영성: 매우 짧은 개론서 (Spirituality: A Very Short Introduction)》 초판을 번역한 것이다. '매우 짧은 개론서'라는 부제는 대학 교양과목 수준의 개론서를 펴내는 시리즈의 이름이므로 정확한 제목은 '영성', 즉 '영성이란 무엇인가'라는 뜻에 가깝다. 수많은 영성 관련 연구 성과가 본문에서는 아주 간략하게 설명되거나 저자와 책 제목만 언급된 채 지나갔지만 '더 읽을거리' 목록에 정확한 서지 사항이 실려 있다. 영성이 비언어적 깨달음이자 더 큰 깨달음을 위해 많은 것을 비우는 과정을 요구하는 것처럼, 이 책은 세부로 깊이 들어가기보다 영성이라는 주제에 대한 감각을 주는 데 집필의 주안점이 있다. 방대한 내용의 핵심을 짚은 스케치에 해당하는 이 책이 초심자가 영성을 이해하는 데 발판과 징검다리 역할을 해 줄 것으로 기대한다.

마지막으로 이 책을 소개하고 번역할 기회를 주신 불교학자 조성택 교수님(고려대 철학과)에게 깊이 감사드린다. 한국 인문학의 부흥을 위해 힘쓰셨고, 웹진 〈입구〉와 마인드아카데미를 통해 우리 사회에 영적 생활문화를 꽃피우기 위해 애쓰시는 교수님의 노력이 풍성한 결실로 이어지기를 기원한다. 또 종교학의 문외한인 역자의 부족함을 보충해 번역의 적실성을 살펴보고 국내 학계에서 사용되는 용어로 바로잡아 주신 기독교 학자 정경일 박사님에게도 감사드린다. 영성 연구의 넓은 그림을 보여 주는 이 책이 여러 부분을 좁고 깊게 다루는 기존 연구서들과 무리 없이 연결되었으면 한다. 인공지능의 시대, 자동번역 기계의 성능은 갈수록 향상되고 있으나 한 권의 책이 나오기까지는 여러 분의 지혜와 정성이 모여야 가능함을 느낀다. 저자의 뜻을 헤아려 보면서 여러 차례 원서를 읽고 그에 맞는 우리말 단어와 표현을 고르는 과정에는 인공지능에게 빼앗기고 싶지 않은 깊은 즐거움이 있었다.

1 전망은 'Vision'의 번역이다. 비전의 어원인 라틴어 'Videre(보다)'는 물체를 바라보는 시각에 대한 것이었으나 이후 라틴어의 영향을 받은 고대 프랑스어에서는 꿈의 이미지와 초자연적인 감각으로 확장된다. 그리고 1300년대 중세 영어에서 '상상'이란 뜻이 추가된다. 오늘날 비전은 물리적 시각뿐 아니라 종교적 체험인 환상, 초자연적인 현상, 미래에 대한 강력한 소망 등을 가리킨다.

2 제2성전기에 사두개파, 바리새파와 함께 형성된 유대교 유파(BC 1세기~AD 2세기)로 쿰란 공동체로 불린다. 앞으로 도래할 종말에 대한 기대와 신앙을 갖고 있었기에 당시 세상을 부정적으로 보았으며, 반로마 성향이 강했다. 유대 독립전쟁 와중에 로마군에 의해 궤멸된 것으로 추정된다.

3 카발라는 전통, 전승이라는 뜻이며 초기 유대교부터 내려온 신비적 교의로서 율법주의와 대비된다. 토라(모세오경) 연구의 네 단계인 페샤트(겉으로 나타난 뜻), 레메즈(비유하거나 은유한 뜻), 데라쉬(랍비나 미드라슈답게 재해석), 소드(토라에 내재한 비밀을 신비적으로 해석)의 연장선상에서 경전의 깊은 의미를 탐구한다.

4 '경건한 자'라는 뜻의 히브리어 하시드에서 유래했으며 율법의 내면성을 강조하는 경건주의 운동이다. 마카비 전쟁 시대의 정치적 삶에 중요한 역할을 했다. 미신으로 경시되다가 마틴 부버가 그 의미를 재평가했다.

5 무함마드가 후계자를 정하지 않은 채 숨을 거두자 수니파(다수파)는 선출된 칼리파(대표자)가 후계를 이을 수 있다고 본 반면, 시아파(소수파)는 무함마드의 사촌이자 사위인 알리를 계승자로 여겼다. 4대 칼리파였던 알리가 쿠데타 세력에게 암살당하자 시아파는 알리의 혈통만이 칼리파의 자격이 있다면서 저항하기 시작했다.

6 이슬람의 전통적인 율법은 존중하되 일체의 형식은 배격한다. 신자의 내면적 각성과 쿠란의 신비주의적 해석을 강조하며 금욕, 청빈, 명상을 추구한다. 신과의 합일을 위해 지성보다 체험과 황홀경을 중시한다.

7 베다는 기원전 1500년부터 기원후 200년 사이에 형성됐으며 신을 향한 예배 의식과 종교철학을 담고 있다. 용도에 따라 리그베다, 야주르

베다, 사마베다, 아타르바베다 등 4종이 있으며 리그베다가 종교적, 철학적 가치가 높다. 4종의 베다는 각각 4부로 나뉘는데, 앞의 2부(행위)는 제의를 중심으로 한 인간의 행위와 의무가 주요 내용이며 뒤의 2부(지식)는 철학 사상이 담겨 있다. 특히 마지막 부인 우파니샤드는 인도 철학 사상의 원천을 이루는 중요한 고전으로, 베다의 끝이라는 뜻의 '베단타'로 불린다.

8 인도 북부와 히말라야산맥 일대를 배경으로 한 바라타족의 전쟁을 기록한 고대 인도의 대서사시. 원본의 분량은 20만 행에 이르며 인도의 모든 신화와 전설을 담은 백과사전이자 정신문화의 뿌리로 평가된다.

9 우주의 창조에서 소멸까지의 역사, 왕·영웅·성인들의 일화, 철학, 지리 등 일반인들을 위해 힌두교의 종교적 가르침을 쉽게 풀어 쓴 설화 형식의 경전.

10 영미 문화권을 중심으로 전 세계에 퍼진 신흥 종교로, 기독교 이전의 종교운동에서 비롯돼 수백 년간 비밀리에 존재해 온 주술 문화의 현대적 형태라고 주장한다. 1920년대 형성되기 시작해 영국의 주술법 폐지 이후 제럴드 가드너에 의해 1954년 처음 공표되었다. 자연주의적 성향과 여성 중심적, 생태주의적 관점으로 각광받으며 교세를 확장했다.

11 드루이드는 고대 켈트 신앙의 사제를 가리키는 명칭으로서 아서왕 전설에 '멀린'이란 드루이드가 나온다. 아일랜드, 잉글랜드, 스코틀랜드, 웨일즈에 흩어진 켈트족 사회를 묶는 정신적 지주로 자연친화적이었으며 각자 다른 신을 모시는 등 자유분방한 형태를 가졌다. 후대의 연구 결과, 스톤헨지를 공동의 성소로 여겼다.

12 1세기 후반 유대교와 초기 기독교 종파, 헬레니즘의 영향으로 시작된 종교적 사상 및 체계로서 신비적·계시적·밀교적 지식 또는 깨달음을 뜻하는 그노시스(Gnosis)로부터 나왔다. 정통 기독교와의 가장 큰 차이는 믿음이 아니라 앎(그노시스)이 구원의 수단이라는 것이다. 물질우주는 데미우르고스라는 불완전한 하위의 신(야훼 혹은 제우스)이 최고신 프네우마(영혼)의 일부를 사용해 창조한 세계라는 데는 분파와 무관하게 대체로 견해가 일치했다. 영적 발달 정도에 따라 사람을 영적 인간, 정신적 인간, 물질적 인간의 세 부류로 구분했다.

13 3세기 이후 플로티노스의《엔네아데스》를 기초로 전개된 사상 체계로서 플라톤, 아리스토텔레스, 스토아 학파 등 고대 여러 학파의 사상을 종합한다. 이데아계-현상계라고 하는 플라톤적 양분론을 계승하지만 이원론적 세계관은 점차 일원론적 세계관으로 변한다. 기독교 이론에 영향을 주었으나 초기 신플라톤주의자들은 신에 대한 능동적 해석과 인격신 개념을 부정했으며 범신론 사상을 갖고 있었다.

14 13세기 초엽 유럽을 휩쓴 종교의 부활이라는 분위기 속에서 여성들이 중요한 역할을 맡는 베긴운동이 시작되었다. 수녀원에 들어감으로써 종교적 삶을 추구하는 대신 세상과 완전히 단절되지 않고도 자신을 신에게 헌신하는 반(半)종교적 삶의 방법을 개발했다. 수녀도 아니고 평신도도 아닌 여성들은 베긴회 수녀원을 중심으로 기도에 헌신하며 병자와 육체노동자를 돕는 일을 했다.

15 비구니 73명의 수행담과 출가 동기 등을 솔직하고 아름답게 게송으로 읊은 불교 경전으로 기원전 3세기경 성립된 것으로 추측된다. 팔리어 원전《장로니게》만이 완본으로 남아 있을 뿐 한역본은 없다. 다른 경전에서 보이는 신비한 경험담이나 이론은 없으며, 다양한 계급의 비구니들이 담담하게 지나온 삶과 현재의 수행 그리고 깨달음을 향한 의지를 노래한다.

16 종교학자 루돌프 오토가《성스러움의 의미》에서 제시한 용어인 '누멘적인 것(Das Numinose)'은 성스러움이라는 감정의 고유함을 표현한 것이다. 신적 존재를 의미하는 라틴어 누멘(Numen)에서 왔으며, 현재의 '성스러움'이라는 단어에 들어 있는 도덕적·윤리적·합리적 요소를 걸러 내고 순수하게 본래의 종교적 의미로서 성스러움을 가리킨다.

17 원래는 구약시대 유월절로부터 50일째 되는 날에 치러지던 유내교의 축제(절기)를 의미했다. 그러다 예수의 부활 사건 이후 사도들이 예루살렘에 모여 있을 때 오순절에 성령의 임재를 체험했다는 기록이 사도행전 2장에 전해지면서 성령으로 충만한 상태의 주관적인 신앙 체험을 가리키는 기독교의 중요한 전통으로 자리 잡게 되었다.

18 16세기 종교개혁 당시 서방교회 전통을 모두 허물고 교회를 복음 위에 급진적으로 재건해야 한다는 신학을 따른 급진적 기독교 종파를 가리킨다. 그 사상을 이어받고 있는 현대 개신교 교파로는 유럽 본토에서 발생한 아미시파, 후터라이트, 메노나이트와 영국에서 형성된

퀘이커 등이 있다.

19 생명의 나무로도 불리는 세피로트를 완성함으로써 신의 경지에 이를 수 있는 지혜를 얻을 수 있다. 세피로트는 10개의 세피라(특징적인 속성)와 22개의 경로로 이뤄져 있다. 인간이 가장 아래인 말쿠트에 위치하고, 22개의 경로를 통해 세피로트를 거슬러 오르며 가장 위인 케테르를 향한 정신적 수행을 계속한다. 10개의 세피라는 3열로 구성돼 있는데 오른쪽 기둥은 자비의 기둥(창조적·남성적·활동적·긍정적), 왼쪽 기둥은 공의의 기둥(파괴적·여성적·수동적·부정적), 가운데 기둥은 의식의 기둥(조화)이다.

20 3세기 북아프리카에서 은둔하며 수도 생활을 실천하던 사막의 교부들로부터 시작됐다. 역사적으로는 14세기 동로마제국의 헤시카즘 논쟁이 유명하다. 헤카시즘 지지자들은 하느님의 본질(우시아)과 활동(에네르기아)을 구분하여 헤시카즘을 통해 우시아는 이해할 수 없지만 에네르기아는 경험할 수 있다고 보았다. 이는 토마스 아퀴나스를 비롯한 스콜라 신학자들의 관점과 배치되는 것이어서 첨예한 교리 논쟁으로 이어졌고 정치 상황과 결부돼 이단으로 지목되었으나, 1351년 제5차 콘스탄티노폴리스 공의회를 통해 정통 신앙으로 인정받았다.

21 독일의 가난한 귀족 집안 출신인 크리스티안 로젠크로이츠(Christian Rosenkreuz)의 성(장미십자가라는 뜻)을 따랐다. 그는 기독교와 이슬람 세계를 넘나들며 과학과 연금술, 마법 등 우주의 비밀을 탐구하는 엄청난 지식을 쌓았으나 세상의 인정을 받지 못한 채 죽었다. 사후 120년이 지난 1604년, 네 명의 학자들이 무덤을 발견하면서 그가 남긴 물건과 문서를 통해 그의 업적을 알게 됐고, 그의 사상을 실천하기 위해 로젠크로이츠 비밀결사, 즉 장미십자회를 창립했다. 수학, 물리학, 의학, 화학 등 학문을 이용한 세상의 개혁을 목표로 삼았으며 17~19세기에 성행했다.

22 토라(모세 5경) 중에서 신앙생활과 생활 전반에 걸쳐 반드시 지켜야 할 것을 모아 놓은 것이 미츠보트이다. 원래 하지 말아야 할 365가지와 해야 할 248가지 계명으로 이루어졌으나, 두 번째 성전이 사라진 이후 하지 말아야 할 194가지와 해야 할 77가지로 바뀌었다.

23 틱낫한 스님은 2022년 1월 22일, 베트남에서 입적했다.

24 "인간은 도덕을 갖는다는 점에서 다른 사물과 구별되는 인간의 가치가 있다"라는 칸트의 주장을 바탕으로 20세기 초반 미국 신학자 보든 파커 바운이 인격주의를 발전시켰다. 실재를 설명하기 위한 기본 범주로서 인격을 강조했고, 오직 인격만이 실존한다고 주장했다. 제1차 세계대전 이후 황폐해진 유럽 사회, 특히 프랑스에서 1930년대에 인격주의 운동이 일어났다.

25 찰스 테일러, 《근대의 사회적 상상: 경제·공론장·인민 주권》, 이상기 옮김, 이음, 2019.

26 조성환, 《한국 근대의 탄생: 개화에서 개벽으로》, 모시는사람들, 2018.

27 루퍼트 셸드레이크, 《과학자인 나는 왜 영성을 말하는가》, 이창엽 옮김, 수류책방, 2019.

28 IPCC 6차 종합보고서, 2023.

29 이어령, 《지성에서 영성으로》, 열림원, 2010.

30 McCarroll, Pam; O'Connor, Thomas St. James; Meakes, Elizabeth(2005), Assessing plurality in Spirituality Definitions, Spirituality and Health: Multidisciplinary explorations.

서문

- Ursula King (ed.), *Spirituality and Society in the New Millennium*, Brighton: Sussex Academic Press, 2001.
- Philip Sheldrake (ed.), *The New SCM Dictionary of Christian Spirituality*, London: SCM Press, 2005.
- Evelyn Underhill, *Mysticism: The Nature and Development of Spiritual Consciousness*, Oxford: Oneworld Publications, 1993 (original edn 1911, rev. edn 1930).

1장 영성이란 무엇인가?

기원

- Philip Sheldrake, *Spirituality and History*, rev. edn, London: SPCK, 1995; New York: Orbis Books, 1998, ch. 2, 'What is Spirituality?'

현대적 영성

- Jeremy Carrette and Richard King, *Selling Spirituality: The Silent Takeover of Religion*, London: Routledge, 2004.
- Kieran Flanagan and Peter C. Jupp (eds.), *A Sociology of Spirituality*, Aldershot: Ashgate, 2007.
- David Hay and Kate Hunt, *Understanding the Spirituality of People who Don't Go to Church: Report on the Findings of the Adult Spirituality Project at the University of Nottingham*, Nottingham: Nottingham University Press, 2000.
- Paul Heelas and Linda Woodhead, *The Spiritual Revolution: Why Religion is Giving Way to Spirituality*, Oxford and Malden, MA: Blackwell, 2005.

유대교

- Arthur Green (ed.), *Jewish Spirituality*, 2 vols., New York: Crossroad Publishing; London: SCM Press, 1987.

기독교

- Philip Sheldrake, *A Brief History of Spirituality*, Oxford and

Malden, MA: Blackwell, 2007. 한국어판《미래로 열린 영성의 역사》, 한국장로교출판사, 2020.

이슬람

• Seyyed Hossein Nasr (ed.), *Islamic Spirituality*, 2 vols., London: SCM Press, 1989; New York: Crossroad Publishing, 1991.

힌두교

• Arvind Sharma, *A Guide to Hindu Spirituality*, Bloomington, IN: World Wisdom, 2006.

불교

• Rupert Gethin, *The Foundations of Buddhism*, Oxford: Oxford University Press, 1998.

신이교주의

• Jon P. Bloch, *New Spirituality, Self and Belonging: How New Agers and Neo-Pagans Talk about Themselves*, Westport, CT: Praeger, 1998.

비의적 영성

• Antoine Faivre and Jacob Needleman (eds.), *Modern Esoteric Spirituality*, World Spirituality Series, New York: Crossroad Publishing, 1992.

세속적 영성

• Peter Van Ness (ed.), *Spirituality and the Secular Quest*, World Spirituality Series, New York: Crossroad Publishing, 1996.

• Andre′ Comte-Sponville, *The Book of Atheist Spirituality*, London: Bantam Press, 2008.

• John Cottingham, *The Spiritual Dimension: Religion, Philosophy and Human Value*, Cambridge: Cambridge University Press, 2005.

• Robert C. Solomon, *Spirituality for the Skeptic*, New York: Oxford University Press, 2002.

• William West, *Psychotherapy and Spirituality: Crossing the Line between Therapy and Religion*, London and Thousand Oaks, CA: Sage Publications, 2000.

• Umberto Eco, *On Beauty: A History of a Western Idea*, London:

Secker & Warburg, 2004. 한국어판《미의 역사》, 열린책들, 2005.

- David Knight, *Science and Spirituality: The Volatile Connection*, London and New York: Routledge, 2004.

- Rupert Sheldrake, *The Science Delusion: Freeing the Spirit of Enquiry*, London: Coronet, 2012; published in USA as Science Set Free, New York: Random House. 한국어판《과학의 망상》, 김영사, 2016. (절판)

2장 유형과 전통

- Philip Sheldrake, *Spirituality and History*, rev. edn, London: SPCK, 1995; New York: Orbis Books, 1998, chs. 3 and 8.

- Clive Erricker and Jane Erricker (eds.), *Contemporary Spiritualities: Social and Religious Contexts*, London and New York: Continuum, 2001.

- Oliver Roy, *Secularism Confronts Islam*, New York: Columbia University Press, 2007.

- Richard Kieckhefer and George D. Bond (eds.), *Sainthood: Its Manifestations in World Religions*, Berkeley: University of California Press, 1990.

- John Stratton Hawley (ed.), *Saints and Virtues*, Berkeley: University of California Press, 1987.

3장 영성과 경험

- William James, *The Varieties of Religious Experience*, New York: Classic Books International, 2010.
  한국어판《종교적 경험의 다양성》, 한길사, 2000.

- Steven T. Katz (ed.), *Mysticism and Philosophical Analysis*, New York: Oxford University Press, 1978.

- Bernard McGinn, *The Foundations of Mysticism*, New York: Crossroad Publishing, 1991, appendix, 'The Modern Study of Mysticism'. 한국어판《서방 기독교 신비주의의 역사》, 은성, 2015.

- Paul Oliver, *Mysticism: A Guide for the Perplexed*, London and New York: Continuum, 2009.

- Bill Hall and David Jaspers (eds.), *Art and the Spiritual*, Sunderland: University of Sunderland Press, 2003.

- Robert Wuthnow, *Creative Spirituality: The Way of the Artist*, Berkeley: University of California Press, 2001.

4장 삶의 방식으로서의 영성

- David Hay and Rebecca Nye, *The Spirit of the Child*, London: HarperCollins, 1998. 한국어판《어린이 영적세계의 탐구》, 대서, 2011. (절판)

- D. O. Moberg (ed.), *Aging and Spirituality: Spiritual Dimensions of Aging*, New York: Haworth Press, 2001.

- David Fontana, *Psychology, Religion and Spirituality*, British Psychological Society, Oxford: Blackwell, 2003.

- Pierre Hadot, *Philosophy as a Way of Life*, Oxford and Malden, MA: Blackwell, 2006.

- Susie Hayward, 'Clothing and Spirituality' and 'Food and Spirituality', in Philip Sheldrake (ed.), *The New SCM Dictionary of Christian Spirituality*, London: SCM Press, 2005, pp. 197–9, 305–7, and further reading.

- Laszlo Zsolnai and Luk Bouckhaert (eds.), *The Palgrave Handbook of Spirituality and Business*, New York: Palgrave Macmillan, 2011.

- Foundation for Workplace Spirituality: http://www.workplacespirituality.org.uk

5장 사회의 영성

- Dietrich Bonhoeffer, *The Cost of Discipleship*, New York: Touchstone, 1995. 한국어판《나를 따르라》, 복있는사람, 2022.

- Gustavo Gutie´rrez, *We Drink from Our Own Wells*, Maryknoll,

NY: Orbis Books, 2003.한국어판《우리의 우물에서 생수를 마시련다》, 한국신학연구소, 1986.(절판)

- Thich Nhat Hanh, *Interbeing: Fourteen Guidelines for Engaged Buddhism*, Berkeley, CA: Parallax Press, 1987. 한국어판《(가제) 인터빙》, 불광출판사. (출간 예정)

- Chris Cook, Andrew Powell, and Andrew Sims (eds.), *Spirituality and Psychiatry*, London: RCPsych Publications, 2009.

- Helen Orchard (ed.), *Spirituality in Health Care Contexts*, London: Jessica Kingsley, 2001.

- Laszlo Zsolnai and H. Opdebeeck (eds.), *Spiritual Humanism and Economic Wisdom*, Antwerp: Garant, 2011.

- Andrew Walker and Aaron Kennedy (eds.), *Discovering the Spirit in the City*, London and New York: Continuum, 2010.

- Leonie Sandercock, 'Spirituality and the Urban Professionals: The Paradox at the Heart of *Planning*', *Planning Theory & Practice*, 7/1 (2006), 65 – 97.

- Margaret Wertheim, *The Pearly Gates of Cyberspace*, New York: W. W. Norton, 2000. 한국어판《공간의 역사》, 생각의나무, 2002. (절판)

- Spirituality, Theology and Health at Durham University: http:// www.dur.ac.uk/spirituality.health/

- Centre for Spirituality, Health and Disability at the University of Aberdeen: http://www.abdn.ac.uk/cshad/

- Royal College of Psychiatrists, Spirituality and Psychiatry Special Interest Group: http://www.rcpsych.ac.uk/college/specialinterestgroups/spirituality.aspx

- European Network of Research on Religion, Spirituality and Health: http://www.rish.ch

- Center for Spirituality, Theology and Health at Duke University, North Carolina: http://www.spiritualityandhealth.duke.edu

6장 영성과 종교

- Joel Beversluis (ed.), *Sourcebook of the World's Religions: An Interfaith Guide to Religion and Spirituality*, Novato, CA: New World Library, 2000.

- Raimundo Pannikar, *The Experience of God: Icons of the Mystery*, trans. Joseph Cunneen, Minneapolis, MN: Fortress Press, 2006.

- HH The Dalai Lama, *The Art of Happiness: A Handbook for Living*, London: Hodder & Stoughton, 1999. 한국어판 《달라이 라마의 행복론》, 김영사, 2001.

- Wayne Teasdale, *The Mystic Heart: Discovering a Universal Spirituality in the World's Religions*, foreword by the Dalai Lama, Novato, CA: New World Library, 1999.

7장 영적인 삶을 영위하라

- Ursula King, *The Search for Spirituality: Our Global Quest for a Spiritual Life*, New York: BlueBridge Books, 2008.

- Danah Zohar and Ian Marshall, *Spiritual Capital: Wealth We Can Live By*, San Francisco: Berrett-Koehler, 2004.

- Tony Buzan, *The Power of Spiritual Intelligence*, London and San Francisco: HarperCollins, 2001.

- Simon Coleman and John Elsner (eds.), *Pilgrimage Past and Present: Sacred Travel and Sacred Space in the World Religions*, London: British Museum Press, 1995.

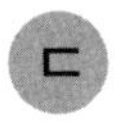

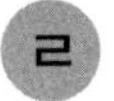

ㅇ

영성이란 무엇인가

내 삶을 완성하는 영성에 관한 모든 것

2023년 9월 11일 초판 1쇄 발행

지은이 필립 셸드레이크 • 옮긴이 한윤정
발행인 박상근(至弘) • 편집인 류지호 • 편집이사 양동민
책임편집 양민호 • 편집 김재호, 최호승, 김소영, 하다해 • 디자인 쿠담디자인
제작 김명환 • 마케팅 김대현, 이선호 • 관리 윤정안 • 콘텐츠국 유권준, 정승채
펴낸 곳 불광출판사 (03169) 서울시 종로구 사직로10길 17 인왕빌딩 301호
대표전화 02)420-3200 편집부 02)420-3300 팩시밀리 02)420-3400
출판등록 제300-2009-130호(1979. 10. 10.)

ISBN 979-11-92997-87-2 (03110)

값 16,000원